문단열의 매일 읽는
영어 성경
구약 편

문단열 지음

OLD
TESTA
MENT

중앙 books
JoongAng Ilbo

머리말

——

영어 공부를 하면서
성경 원문의 풍성함을
누리는 기회가 되길

——

우리가 지금 한국어로 읽고 있는 성경은 원래 히브리어와 헬라어 (고대 그리스어)로 쓰여진 것입니다. 그러다 보니 2000년 이상의 시대적 간극과 지구 반대편 이야기라고 하는 지리적 간극이 번역 안에 존재합니다.

성령의 역사하심에 힘입어 우리가 복음의 핵심을 간파할 수 있음에도 불구하고 원본 성경이 가진 세밀함과 사건의 색감, 질감이 그대로 느껴지지 않을 때가 많습니다. 대부분의 크리스천은 신학 전문가들이 아니고 히브리어와 헬라어로 성경을 읽을 수 없습니다. 그렇게 때문에 성경 말씀의 원본적 톤에 가장 가까이 접근할 수 있는 방법은 여러 가지 버전의 번역본을 읽는 것입니다. 영어 성경은 쉬운 영어를 사용한 번역본의 경우 대부분 어렵게 번역된 우리말 성경보다 오히려 이해하기 쉽습니다. 그런 뜻을 담아 『문단열의 매일 읽는 영어 성경』을 출간하게 되었습니다. 영어의 문외한이 아니고 영어 학습에 관심이 있는 독자라면, 영어 공부를 하면서 성경 원문의 보다 풍성함을 누릴 수 있는 좋은 기회가 되리라고 생각합니다. 알찬 영어 공부와 더불어 풍성한 은혜가 임하시길 기도드립니다.

문단열

차례

부록

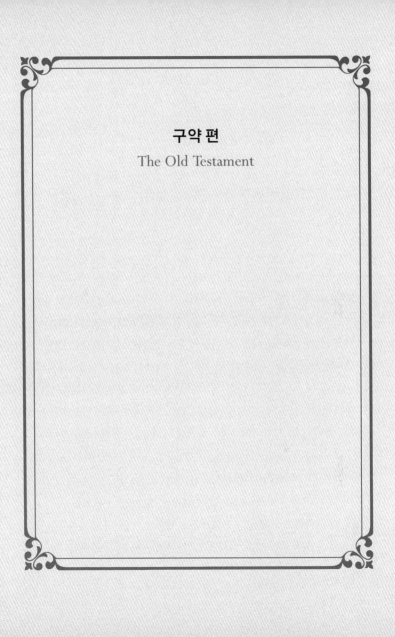

구약 편

The Old Testament

성경은 인생 사용 설명서

*In the beginning, God created
the heavens and the earth.*

태초에 하나님이 천지를 창조하시니라
창세기 1:1

얼마 전 카메라를 새로 산 일이 있습니다. 메모리 카드를 넣었는데 고가의 카드가 어떻게 해도 먹통인 겁니다. 이러저리 해 보다가 구입한 업체에 전화해서 화를 냈습니다. 돌아온 답변은 '설명서'를 읽어 보라는 것이었습니다. 설명서에는 이렇게 적혀 있더군요. '카메라의 배터리가 충분치 않을 때는 새 메모리 카드가 작동하지 않는다.' 배터리를 충전했더니 메모리 카드는 아무 일도 없었던 듯이 멀쩡히 돌아갔습니다. '사용 설명서'를 절대 안 읽는 악습, 우리 믿음 생활에도 있습니다. 우리 몸과 마음의 사용 설명서는 '그 창조자'밖에 만들어 낼 수 없습니다. 'In the beginning, God created the heavens and the earth (태초에 하나님이 천지를 창조하시니라).'라는 성경책의 첫 선포는 우리의 영과 육에 문제가 있을 때 The Bible, 즉 우리를 만드신 하나님의 사용 설명서를 즉각적으로 보라는 선포입니다. 별의별 짓을 다하고 몸부림치며 세월을 허송하지 말고 그분의 거룩한 '사용 설명서'로 돌아갑시다.

In the beginning God created the heavens and the earth. Now the earth was formless and empty, darkness was over the surface of the deep, and the Spirit of God was hovering over the waters. And God said, "Let there be light," and there was light.

Genesis 1:1-3

태초에 하나님이 천지를 창조하시니라 땅이 혼돈하고 공허하며 흑암이 깊음 위에 있고 하나님의 영은 수면 위에 운행하시니라 하나님이 이르시되 빛이 있으라 하시니 빛이 있었고

창세기 1:1-3

🌿 말씀 새기기 *Carving Words*

the heaven and earth 천지
God created the heavens and the earth. 하나님이 천지를 창조하셨다.
In the beginning, God created the heavens and the earth.
태초에 하나님이 천지를 창조하셨다.

하나님은 그런 말씀 하신 적이 없다

Who told you that you were naked?

누가 너의 벗었음을 네게 알렸느냐
창세기 3:11

선악과를 따 먹고 나무 뒤에 숨어 "I was naked, so I hid(내가 벗었으므로 숨었나이다)." 하고 말하는 아담에게 하나님이 하신 말씀은 "Who told you that you were naked?(벌거벗은 게 창피한 거라고 도대체 누가 그래?)" 하고 묻고 계시는 거겠지요. 기가 막힐 노릇이지요. 에덴동산 the Garden of Eden 같은 낙원 벌거벗어도 서로 숨기는 것이 없어서 행복하기만 한 삶을 주었는데 갑자기 '창피해서' 나무 뒤에 숨었다네요. 사람의 영혼에 좋은 부끄러움도 있습니다. 하지만 우리가 가진 '수치심'의 대부분은 누군가의 '악한 속삭임'에서 시작됩니다. '연봉이 너무 낮아. ○○구에 살면 좋겠다. 키가 좀 크면 좋을텐데.' 그래서 숨어야 된다고요? 숨고 싶다고요? 잘 들으세요. 하나님은 그런 말씀 하신 적이 없으시답니다!

But the LORD God called to the man, "Where are you?" He answered, "I heard you in the garden, and I was afraid because I was naked; so I hid." And he said, "Who told you that you were naked? Have you eaten from the tree that I commanded you not to eat from?"

Genesis 3:9-11

여호와 하나님이 아담을 부르시며 그에게 이르시되 네가 어디 있느냐 이르시되 내가 동산에서 하나님의 소리를 듣고 내가 벗었으므로 두려워하여 숨었나이다 이르시되 누가 너의 벗었음을 네게 알렸느냐 내가 네게 먹지 말라 명한 그 나무 열매를 네가 먹었느냐

창세기 3:9-11

🌿 말씀 새기기 *Carving Words*

Who told you? 누가 네게 알렸느냐?

Who told you that? 누가 그것을 네게 알렸느냐?

Who told you that you were naked? 누가 너의 벗었음을 네게 알렸느냐?

순종은 축복 그 자체다

You will be a blessing.

너는 복이 될지라
창세기 12:2

음악을 정말 사랑하는 사람이 있다고 합시다. 그 사람에게 덕담을 할 때 가장 가벼운 덕담은 'I hope that music will be part of your life(음악이 네 삶의 일부가 되길 빈다).' 정도일 것입니다. 그것보다 좀 진지하게 축복하고 싶다면 'You will be part of music(너는 음악의 한 부분이 될 것이다).' 하고 말하면 되겠죠. 훌륭한 음악가가 되어서 음악사의 한 장을 화려하게 장식하라는 말입니다. 그런데 축복 중의 최고의 축복은 'You will be music(넌 음악 그 자체가 될 것이다).' 다시 말해, 사람들이 나를 알게 되면 바로 음악을 알게 된다는 말이 최고의 축복 아닐까요? 그런 축복을 믿음의 조상 아브람은 하나님께 받았습니다. 'You will be part of a blessing(넌 축복의 일부가 될 것이다).' 이게 아니라 'You will be a blessing(넌 축복 그 자체가 될 것이다).' 이렇게 축복하십니다. 하나님의 말씀에 순종하여 본토, 친척, 아비 집을 떠나는 모두에게 동일한 축복이 임하길 기도합니다.

The LORD had said to Abram, "Leave your country, your people and your father's household and go to the land I will show you. I will make you into a great nation and I will bless you; I will make your name great, and you will be a blessing."

Genesis 12:1-2

여호와께서 아브람에게 이르시되 너는 너의 고향과 친척과 아버지의 집을 떠나 내가 네게 보여 줄 땅으로 가라 내가 너로 큰 민족을 이루고 네게 복을 주어 네 이름을 창대하게 하리니 너는 복이 될지라

창세기 12:1-2

🌿 말씀 새기기 *Carving Words*

a blessing 축복
You are a blessing. 너는 축복이다.
You will be a blessing. 너는 축복이 될 것이다.

결단을 하려면 익숙함을 떠나라

So Abram left,
as the Lord had told him.

이에 아브람이 여호와의 말씀을 따라갔고
창세기 12:4

아브람이 떠난 것이나 하나님이 그에게 말씀하신 것이나 똑같이 과거
의 사실이지만, 시제가 다르게 표현되어 있습니다. 아브람이 떠난 것은
'Abram left'로 단순 과거 시제이고, 하나님이 말씀하신 것은 'the
Lord had told him'으로 대과거(had+과거분사)로 나타냈어요. 아브람
이 떠난 것보다 하나님이 그에게 말씀하신 것이 더 먼저 일어난 일이기
때문이지요.

아브람이 떠난 것은 고향, 친척, 아비라고 했는데 이것은 지리적 터전,
인적 자원(인맥), 그리고 유전적 기득권(아비)이라는 한 사람이 가질 수
있는 모든 것은 다 버리고 떠난다는 대단한 일이었어요. 아브람은 순
종하는 마음으로 해 낸 것이지요. 하나님을 위해 모든 것을 버린 사람
은 더 위대한 모든 것을 얻습니다. '복의 근원'이 되는 비결입니다.

So Abram left, as the Lord had told him; and Lot went with him. Abram was seventy-five years old when he set out form Haran. He took his wife Sarai, his nephew Lot, all the possessions they had accumulated and the people they had acquired in Haran, and they set out for the land of Canaan, and they arrived there.

Genesis 12:4-5

이에 아브람이 여호와의 말씀을 따라갔고 롯도 그와 함께 갔으며 아브람이 하란을 떠날 때에 칠십오 세였더라 아브람이 그의 아내 사래와 조카 롯과 하란에서 모은 모든 소유와 얻은 사람들을 이끌고 가나안 땅으로 가려고 떠나서 마침내 가나안 땅에 들어갔더라

창세기 12:4-5

🌿 말씀 새기기 *Carving Words*

The Lord told him. 여호와가 그에게 말씀하셨다.

As the Lord had told him, 여호와가 그에게 말씀하셨기에.

So Abram left, as the Lord had told him.
여호와가 그에게 말씀하셔서 이에 아브람이 떠났다.

인생의 홍해와 믿음의 눈

I am sending you to pharaoh to bring
my people the Israelites out Egypt.

내가 너를 바로에게 보내어 너에게 내 백성 이스라엘
자손을 애굽에서 인도하여 내게 하리라
출애굽기 3:10

영화 〈브루스 올마이티Bruce Almighty〉에서 하나님의 능력을 받은 짐 캐리가 자신의 능력을 시험해 보기 위해 식당에서 수프를 양쪽으로 가르는 장면이 나옵니다. 짐 캐리가 손끝으로 수프 그릇을 가리키자 큰 돌풍이 일면서 접시의 수프가 양쪽으로 벽을 만들며 갈라지지요. 수프가 갈라지는 것도 감동적인데 홍해가 갈라지는 건 얼마나 장관이었을까요? 하나님은 날 구원하시고 건지시는 분이니까, 내가 결코 고난의 바다에서 익사하도록 내버려 두지 않으실 것입니다. 사실 우리는 인생의 홍해를 적어도 한 번 이상 겪었고 또 그것을 기적적으로 건너온 마음의 기념비를 가지고 있습니다. 자주 잊어 버려서 문제죠. 지금 이 책을 들고 계시다면 영어의 홍해도 경험하고 있을지 모릅니다. 홍해도 갈라질 것입니다. 믿음의 눈으로 주를 올려다보기를 그치지 않는다면요.

And now the cry of the Israelites has reached me, and I have seen the way the Egyptians are oppressing them. So now, go. I am sending you to Pharaoh to bring my people the Israelites out of Egypt.

Exodus 3:9-10

이제 가라 이스라엘 자손의 부르짖음이 내게 달하고 애굽 사람이 그들을 괴롭히는 학대도 내가 보았으니 이제 내가 너를 바로에게 보내어 너에게 내 백성 이스라엘 자손을 애굽에서 인도하여 내게 하리라

출애굽기 3:9-10

🦋 말씀 새기기 *Carving Words*

I am sending you. 내가 너를 보낸다.

I am sending you to Pharaoh. 내가 너를 바로에게 보낸다.

I am sending you to pharaoh to bring my people the Israelites.
내가 너를 내 백성 이스라엘 자손을 인도하기 위하여 바로에게 보낸다.

사랑은 미루면 후회한다

*Now go; I will help you speak and
will teach you what to say.*

이제 가라 내가 네 입과 함께 있어서 할 말을 가르치리라

출애굽기 4:12

참고 기다리는 인내patience와 준비preparation는 중요합니다. 일할 때도, 사람을 사귈 때도 참고 기다리며 만반의 준비를 하는 것은 인생의 기본이고 당연한 미덕이지요. 딱 한 가지 참고 기다리면 어리석은 사람이 되고 마는 경우가 있습니다. 바로 '사랑하는 일'에 대한 것이 그렇습니다. '사랑'에 대해서는 참고 미루면 후회만 남고 준비가 지나치면 기회를 놓쳐 씁쓸함만 남게 됩니다. 그래서 하나님은 말씀하십니다. Now go! (now는 '당장'의 뜻으로 쓰입니다.) I will help you speak and will teach you what to speak! 내가 너의 '말'을 도우며 '말할 내용'까지 가르쳐 주겠다! 자신은 말재주가 없다며 머뭇거리는 모세에게 하나님은 '지금 당장 그들을 구하러 가라!'고 이렇게 명령하십니다. 모든 것에 대해 다 참고 준비하더라도 '사랑'은 미루지 마세요. 하나님의 명령입니다.

The LORD said to him, "Who gave man his mouth? Who makes him deaf or mute? Who gives him sight or makes him blind? Is it not I, the LORD? Now go; I will help you speak and will teach you what to say."

Exodus 4:11-12

여호와께서 그에게 이르시되 누가 사람의 입을 지었느냐 누가 말 못 하는 자나 못 듣는 자나 눈 밝은 자나 맹인이 되게 하였느냐 나 여호와가 아니냐 이제 가라 내가 네 입과 함께 있어서 할 말을 가르치리라

출애굽기 4:11-12

🌿 말씀 새기기 *Carving Words*

I will help you. 내가 너를 도우리라.
I will help you speak. 네가 말하는 것을 내가 도우리라.
I will help you speak and will teach you what to say.
내가 네 입과 함께 있어서 할 말을 가르치리라.

따뜻하고 냉철하게 함께하신다

By day the LORD went ahead of
them in a pillar of cloud to guide them on their way
and by night in a pillar of fire to give them light.

여호와께서 그들 앞에서 가시며 낮에는 구름 기둥으로
그들의 길을 인도하시고 밤에는 불 기둥을 그들에게 비추사
출애굽기 13:21

광야 길과 다를 바가 없는 인생길에서 하나님은 순종하는 백성을 낮에는 a pillar of cloud(구름 기둥)로 밤에는 a pillar of fire(불기둥)로 인도하여 주십니다. 이 구절의 핵심은 우리의 삶에서 by day and by night(낮과 밤) 모든 순간 하나님의 인도가 필요하다는 사실이지요. 어떤 이는 고난의 순간에만, 또 어떤 이는 살 만할 때만 주님을 찾지요. 하나님의 마음은 언제나 우리가 주와 함께하기를 원하십니다. 모든 일이 술술 풀려나가는 순풍의 때는 차가운 이성을 상징하는 a pillar of cloud로 이끄시고, 칠흑 같은 어둠 속에서 의욕을 상실하고 고민하고 있을 때는 정열을 상징하는 a pillar of fire로 우리를 다시 일으켜 세우십니다. 하나님은 때로는 냉철한 이성의 말씀으로, 때로는 따뜻한 불의 말씀으로 함께하십니다.

By day the LORD went ahead of them in a pillar of cloud to guide them on their way and by night in a pillar of fire to give them light, so that they could travel by day or night. Neither the pillar of cloud by day nor the pillar of fire by night left its place in front of the people.

Exodus 13:21-22

여호와께서 그들 앞에서 가시며 낮에는 구름 기둥으로 그들의 길을 인도하시고 밤에는 불 기둥을 그들에게 비추사 낮이나 밤이나 진행하게 하시니 낮에는 구름 기둥, 밤에는 불 기둥이 백성 앞에서 떠나지 아니하니라

출애굽기 13:21-22

🍃 말씀 새기기 *Carving Words*

The LOAD went ahead of them. 여호와께서 그들 앞에서 가셨다.
By day the LORD went ahead of them in a pillar of cloud.
여호와께서 낮에는 구름 기둥으로 그들 앞에서 가셨다.
By day the LORD went ahead of them in a pillar of cloud to guide them.
여호와께서 그들 앞에서 가시며 낮에는 구름 기둥으로 그들의 길을 인도하셨다.

언약을 지키려면 눈치를 보지 마라

The whole earth is mine.

세계가 다 내게 속하였나니
출애굽기 19:5

가끔 나의 운명을 다른 사람들이 좌지우지하는 것 같아 울적해질 때가 있습니다. 내가 일하는 회사의 사장님이든, 내가 함께 살아가는 아내든, 또는 나의 책과 방송을 소비해 주는 사람들이든 다 먹고사는 일에 큰 영향력을 가진 사람들이지요. 하지만 언제나 내게 힘과 나도 존엄한 존재라는 느낌을 실어주는 것은 바로 그런 사람들조차 하나님께 속해 있다는 사실입니다. 이 '속해 있다'는 내용을 영어 성경은 좀 더 직접적이고 강력하게 "The whole earth is mine(온 세상이 내 것이다)." 이렇게 쓰고 있습니다. 그래요.

'Your boss is mine, 네 사장도 내 것이고, your family is mine, 네 가족도 원래 내 것이며, and your readers are also mine. 너의 글을 읽는 사람들도 내 것이다. 너는 사람의 눈치를 보지 말고 내 언약을 소중히 지켜라. 그러면 너희는 모든 민족 중에 나의 소중한 소유가 되리라.' 이렇게 말씀해 주시는 하나님이 계셔서 어찌나 감사한지요!

Now if you obey me fully and keep my covenant, then out of all nations you will be my treasured possession. Although the whole earth is mine, you will be for me a kingdom of priests and a holy nation. These are the words you are to speak to the Israelites.

Exodus 19:5-6

세계가 다 내게 속하였나니 너희가 내 말을 잘 듣고 내 언약을 지키면 너희는 모든 민족 중에서 내 소유가 되겠고 너희가 내게 대하여 제사장 나라가 되며 거룩한 백성이 되리라 너는 이 말을 이스라엘 자손에게 전할지니라

출애굽기 19:5-6

🌿 **말씀 새기기** *Carving Words*

the earth 세계
the whole earth 전 세계
The whole earth is mine. 세계가 다 내게 속했다.

보이지 않는 길을 내주신다

The LORD himself goes before you.

여호와 그가 네 앞에서 가시며

신명기 31:8

미국 대통령이 한국을 방문했을 때 들은 이야기입니다. 대통령이 탄차가 시내를 지나가는데, 그가 지나가는 모든 거리, 모든 건물의 모든 층과 옥상까지 사전에 경호실에서 다 답사를 한다는 겁니다. 이게 가능한 일일까 생각하지만 정말 그렇게 한다는 것이 전문가의 이야기였습니다. '앞에서 간다'는 것은 그런 것입니다. 'The LORD himself goes before you(하나님이 네 앞에 가신다).' 나를 대통령처럼, 또 스타처럼 경호하시기 때문입니다. 사람은 '처음 당하는 일'에 가장 많은 스트레스를 받는다고 합니다. 그런데 보이지 않는 하나님이 내 앞에서 보이지 않는 길을 내주고 계십니다. We are the blessed stars! 우리 모두는 하나님에게 최고의 스타입니다. 축복받은 별과 같은 인생입니다.

Be strong and courageous, for you must go with this people into the land that the LORD swore to their forefathers to give them, and you must divide it among them as their inheritance. The LORD himself goes before you and will be with you; he will never leave you nor forsake you. Do not be afraid; do not be discouraged.

Deuteronomy 31:7-8

너는 강하고 담대하라 너는 이 백성을 거느리고 여호와께서 그들의 조상에게 주리라고 맹세하신 땅에 들어가서 그들에게 그 땅을 차지하게 하라 그리하면 여호와 그가 네 앞에서 가시며 너와 함께 하사 너를 떠나지 아니하시며 버리지 아니하시리니 너는 두려워하지 말라 놀라지 말라

신명기 31:7-8

🍃 말씀 새기기 *Carving Words*

The LORD goes. 여호와가 가신다.
The LORD goes before you. 여호와가 네 앞에서 가신다.
The LORD himself goes before you. 여호와 그가 네 앞에서 가신다.

쉴 새 없이 24시간 지켜주신다

He guarded him as the apple of his eye.

자기의 눈동자 같이 지키셨도다

신명기 32:10

독수리가 죽은 동물의 사체를 먹을 때 가장 먼저 눈알을 파먹는다고 합니다. 부드럽고 물기가 많고 한 번의 부리 짓으로 파낼 수 있기 때문이겠죠. 그렇게 눈동자는 참으로 연약한 존재입니다. 무엇에 닿기만 해도 상하고 티만 들어가도 말할 수 없이 고통스럽습니다. 몸은 눈이 주는 정보를 바탕으로 그 행동을 결정합니다. 눈에서도 '눈동자'는 중요한 기능을 하는 곳입니다. 우리 몸이 눈동자에게 온통 의존하고 있다고 해도 과언이 아닌 것이지요. 눈동자가 상하면 아무것도 하지 못합니다. 눈이 맑으면 정신조차 맑아집니다. 그런데 하나님은 나를 자기의 눈동자와 같이 지키신다고 합니다. He guards me as the apple (pupil) of His eye! 우리의 눈동자를 노리는 독수리로 가득한 이 세상에서 하나님은 우리 몸 전체가 눈동자를 쉴 새 없이 보호하듯 24시간 우리를 지키십니다. 햇빛은 눈꺼풀로 덮으시고 날아오는 돌은 몸을 돌려 피하게 하는 것처럼 말이죠.

In a desert land he found him, in a barren and howling waste. He shielded him and cared for him; he guarded him as the apple of his eye, like an eagle that stirs up its nest and hovers over its young, that spreads its wings to catch them and carries them on its pinions. The LORD alone led him; no foreign god was with him.

Deuteronomy 32:10-12

여호와께서 그를 황무지에서, 짐승이 부르짖는 광야에서 만나시고 호위하시며 보호하시며 자기의 눈동자 같이 지키셨도다 마치 독수리가 자기의 보금자리를 어지럽게 하며 자기의 새끼 위에 너풀거리며 그의 날개를 펴서 새끼를 받으며 그의 날개 위에 그것을 업는 것 같이 여호와께서 홀로 그를 인도하셨고 그와 함께 한 다른 신이 없었도다

신명기 32:10-12

🌿 말씀 새기기 *Carving Words*

the apple of the eye 눈동자; 매우 소중한 것
The LORD guarded him. 여호와께서 그를 지키셨다.
The LORD guarded him as the apple of his eye.
여호와께서 그를 자기의 눈동자 같이 지키셨도다.

약속하신 것을 반드시 이루신다

I will give you every place
where you set your foot.

너희 발바닥으로 밟는 곳은
모두 내가 너희에게 주었노니
여호수아 1:3

우리말에는 오늘 말씀의 시제가 과거로 표현되어 있지만, 영어는 미래 시제를 사용했습니다. 영어에 충실하게 해석하면 '너희 발바닥으로 밟는 곳을 내가 다 너희에게 주리라'가 되지만, 믿음의 눈으로 보면 '너희에게 주었노니' 하고 표현하는 게 더 정확할지도 모릅니다. 하나님은 약속하신 것을 반드시 이루시는 분이니까 하나님의 약속이 이미 이루어진 것으로 믿을 수밖에요. 이스라엘 민족은 하나님의 약속처럼 가나안 땅을 차지했지만 목숨을 건 치열한 전투로 엄청난 대가를 치르고 얻을 수 있었지요. 하나님은 우리의 소원과 기도를 들어주시지만, 그 기도가 이루어질 때쯤이면 완전히 깨어지고 부서져서 "아버지 뜻대로 하세요" 하고 고백할 수밖에 없는 상태가 될 겁니다. 하나님의 약속은 언제나 환상적입니다.

I will give you every place where you set your foot, as I promised Moses. Your territory will extend from the desert to Lebanon, and from the great river, the Euphrates–all the Hittite country–to the Great Sea on the west.

Joshua 1:3-4

내가 모세에게 말한 바와 같이 너희 발바닥으로 밟는 곳은 모두 내가 너희에게 주었노니 곧 광야와 이 레바논에서부터 큰 강 곧 유브라데 강까지 헷 족속의 온 땅과 또 해 지는 쪽 대해까지 너희의 영토가 되리라

여호수아 1:3-4

🌿 말씀 새기기 *Carving Words*

I will give you. 내가 너희에게 줄 것이다.

I will give you every place. 내가 모든 곳을 너희에게 줄 것이다.

I will give you every place where you set your foot.

내가 너희가 발바닥으로 밟는 모든 곳을 너희에게 줄 것이다.

담대함을 요구하신다

Have I not commanded you?
Be strong and courageous.

내가 네게 명령한 것이 아니냐
강하고 담대하라
여호수아 1:9

사람은 어떤 때는 놀랄 만큼 담대하고 어떤 때는 이해가 가지 않을 만큼 소심해집니다. 여러 가지 이유가 있겠지만 가장 큰 이유는 역시 '믿는 데'가 있느냐는 것이겠죠. 오늘 하나님께서는 사람의 사리사욕으로 행하는 일이 아닌, 하나님이 직접 명령한 일을 행함에 있어서 그분을 믿으라는 '담대함'을 요구하십니다. 여전히 두려움에 떨고 있는 인생을 향해 오늘 하나님은 Have 'I' not commanded you? '내'가 명령한 것이 아니냐?라고 말씀하십니다. 큰 봉사를 앞두고 자신의 능력 부족을 염려하고 계십니까? 전도 대상자가 너무 고집이 세서 낙심하고 계십니까? 인생 자체의 무게가 씩씩하게 살아가려는 의욕을 누르고 있습니까? 우리의 이 인생 자체에 대해 하나님이 이렇게 말씀하십니다. Be strong and courageous! 강하고 담대하라! Have 'I' not sent you to this world? '내'가 너를 세상에 보낸 것이 아니냐?

Do not let this Book of the Law depart from your mouth; meditate on it day and night, so that you may be careful to do everything written in it. Then you will be prosperous and successful. Have I not commanded you? Be strong and courageous. Do not be terrified; do not be discouraged, for the LORD your God will be with you wherever you go.

Joshua 1:8-9

이 율법책을 네 입에서 떠나지 말게 하며 주야로 그것을 묵상하여 그 안에 기록된 대로 다 지켜 행하라 그리하면 네 길이 평탄하게 될 것이며 네가 형통하리라 내가 네게 명령한 것이 아니냐 강하고 담대하라 두려워하지 말며 놀라지 말라 네가 어디로 가든지 네 하나님 여호와가 너와 함께 하느니라 하시니라

여호수아 1:8-9

🌿 말씀 새기기 *Carving Words*

I have commanded you. 내가 네게 명령했다.
I have not commanded you. 내가 네게 명령하지 않았다.
Have I not commanded you? 내가 네게 명령한 것이 아니냐?

마음속에서 하는 일이 더 어렵다

To obey is better than sacrifice.

순종이 제사보다 낫고
사무엘상 15:22

위의 말씀은 사무엘이 하나님께 제사를 드리기 위해 아말렉 사람의 양과 소를 진멸하라는 하나님의 명령을 지키지 않았다는 사울 왕의 변명을 듣고 책망하는 말입니다. 왜 사람들은 순종보다 제사를 드리려고 할까요? 제사가 순종보다 쉽기 때문이겠지요! 제사는 행동이고 형식이니까 마음 없이도 할 수 있는 일이지만 하나님 말씀을 듣고 순종하는 것은 내 뜻, 내 욕심을 포기하며 나를 죽이는 마음속의 일이잖아요. '신령과 진정'으로 예배하는 자를 찾는다고 하셨는데, 신령과 진정이라는 게 마음속의 일이기 때문입니다. 제사는 꼭 나를 죽일 필요도 없고 눈에 보이는 일이니 내가 이만큼 드렸다는 자기 만족감도 은근히 쏠쏠하니까요. 진정한 예배란 하나님께 순종하는 것 아니겠어요? 사람은 자신이 처한 자리에서는 관점에 한계가 있을 수밖에 없어서 우물 안 개구리가 되기 쉽습니다. 하나님은 우리를 더 높은 곳으로 부르셔서 주님의 시각으로 세상을 보기 원하십니다. 그런데 그 높은 시각이라는 게 순종이 아니면 결코 가질 수가 없기 때문이죠.

But Samuel replied: "Does the LORD delight in burnt offerings and sacrifices as much as in obeying the voice of the LORD?" To obey is better than sacrifice, and to heed is better than the fat of rams. For rebellion is like the sin of divination, and arrogance like the evil of idolatry

1 Samuel 15:22-23

사무엘이 이르되 여호와께서 번제와 다른 제사를 그의 목소리를 청종하는 것을 좋아하심 같이 좋아하시겠나이까 순종이 제사보다 낫고 듣는 것이 숫양의 기름보다 나으니 이는 거역하는 것은 점치는 죄와 같고 완고한 것은 사신 우상에게 절하는 죄와 같음이라

사무엘상 15:22-23

🌿 말씀 새기기 *Carving Words*

to obey 순종하는 것
To obey is better. 순종하는 것이 더 낫다.
To obey is better than sacrifice. 순종하는 것이 제사보다 더 낫다.

내 전쟁이 아니라 하나님의 전쟁

*For the battle is the LORD's,
and he will give all of you into our hands.*

전쟁은 여호와께 속한 것인즉 그가 너희를 우리 손에 넘기시리라
사무엘상 17:47

오늘 성경은 'The battle is the Lord's(전쟁은 하나님의 것이다).'라고 말합니다. 물론 그렇겠지요. 군사력이 강하다고, 정보력이 강하다고 꼭 전쟁에서 이기는 것이 아니라는 것은 역사가 증명합니다. 'The battle is the Lord's.'라는 명제가 평화와 번영의 시대를 살아가는 나와 무슨 관계가 있을까요? 이 이야기의 주인공인 다윗은 일평생을 전장에서 보냈습니다. 전쟁은 그에게 '삶'이었습니다. 요리사에게는 요리가 삶이고, 교사에게는 교실이, 가수에게는 무대가 삶이 됩니다. 오늘의 말씀은 'Your life is the Lord's(내 삶의 귀결은 하나님께 달렸다).'라는 뜻이 됩니다. 사람이 그 마음에 계획을 세울지라도 그 길을 인도하시는 이는 결국 하나님이십니다. '내 삶의 전쟁'은 사실 나의 전쟁이 아니라 '하나님께 속한 전쟁'임을 인정할 때 He will give all your enemies into your hands! 당신의 모든 적을 당신의 손에 붙이실 것입니다!

Today I will give the carcasses of the Philistine army to the birds of the air and the beasts of the earth, and the whole world will know that there is a God in Israel. All those gathered here will know that it is not by sword or spear that the LORD saves; for the battle is the LORD's, and he will give all of you into our hands.

1 Samuel 17:46-47

오늘 블레셋 군대의 시체를 오늘 공중의 새와 땅의 들짐승에게 주어 온 땅으로 이스라엘에 하나님이 계신 줄 알게 하겠고 또 여호와의 구원하심이 칼과 창에 있지 아니함을 이 무리에게 알게 하리라 전쟁은 여호와께 속한 것인즉 그가 너희를 우리 손에 넘기시리라

사무엘상 17:46-47

🌿 **말씀 새기기** *Carving Words*

The LORD will give you. 여호와께서 너희를 넘겨주시리라.

The LORD will give you into our hands.
여호와께서 너희를 우리 손에 넘기시리라.

The LORD will give all of you into our hands.
여호와께서 너희 모두를 우리 손에 넘기시리라.

두려움을 없애는 가장 좋은 생각

Be strong and let us fight bravely
for our people and the cities of our God.

너는 담대하라 우리가 우리 백성과
우리 하나님의 성읍들을 위하여 담대히 하자
사무엘하 10:12

어린 시절 다니던 영어 학원이 있었습니다. 하루는 어머니께서 다른 학원으로 옮기는 게 어떻겠냐고 하셨죠. 더 좋은 학원으로 가고 싶었지만 어린 저는 선생님에게 그런 말씀을 드릴 용기가 없었습니다. 어머니는 단호히 이렇게 말씀하셨습니다. "네가 옮기겠다고 하지 말고 어머니의 명이라 어쩔 수 없다고 말씀드려라." 그 순간 선생님을 대면해야 할 두려움이 거짓말처럼 사라지는 것을 느꼈습니다. 그렇습니다. 이건 '내 일'이기도 하지만 '어머니의 일'이기도 한 것이죠. 마찬가지로 우리 인생에 대면해야 할 여러 가지 일들에 대해 우리가 나의 일my business이라는 생각만을 가지고 있으면 두려움을 느낍니다. 하지만 그의 일His business이기도 하다는 사실을 깨닫게 되면 우리는 '담대하고 용감하게 싸우게be strong and fight bravely' 됩니다. You are not alone. 당신은 혼자가 아닙니다.

"Be strong and let us fight bravely for our people and the cities of our God. The LORD will do what is good in his sight." Then Joab and the troops with him advanced to fight the Arameans, and they fled before him.

2 Samuel 10:12-13

너는 담대하라 우리가 우리 백성과 우리 하나님의 성읍들을 위하여 담대히 하자 여호와께서 선히 여기시는 대로 행하시기를 원하노라 하고 요압과 그와 함께 한 백성이 아람 사람을 대항하여 싸우려고 나아가니 그들이 그 앞에서 도망하고

사무엘하 10:12-13

🌿 말씀 새기기 *Carving Words*

Let us fight. 우리가 싸우겠다.

Let us fight bravely. 우리가 담대히 싸우겠다.

Let us fight bravely for our people.

우리가 우리 백성을 위하여 담대히 싸우겠다.

가장 먼저 하나님께 말 걸기

Ascribe to the LORD the glory due his name.

여호와의 이름에 합당한 영광을 그에게 돌릴지어다
역대상 16:29

유명한 복서였던 홍수환 씨는 복싱 세계챔피언전에서 당시 챔피언 카라스키야에게 네 번이나 다운되면서도 결국 그를 때려눕힌 직후 한국의 어머니에게 제일 먼저 전화를 걸었습니다. 전 국민에게 방송된 그의 전화 내용은 기쁨에 겨운 외침, "엄마, 나 챔피언 먹었어!"였습니다. 감동은 대단히 커서 나이가 조금 드신 분이라면 그때 그 일을 대부분 기억할 것입니다. 'Ascribe to the Lord the glory(하나님께 영광을 돌려라).'라는 말씀은 무슨 뜻일까요? 우리 생의 가장 기쁜 일, 가장 슬픈 일, 가장 아픈 일의 현장에서 '하나님을 가장 먼저 찾는 것'입니다. 복서 홍수환이 가장 먼저 어머니를 찾았을 때 그의 어머니는 전 국민 앞에서 영광을 누렸습니다. 이처럼 우리도 하나님에게 그의 이름에 합당한due his name, 우리에게 생명을 주신 그에게 합당한 영광을 돌립시다. 매 순간 가장 먼저 하나님께 말을 겁시다. 그것이 '영광을 돌리는 것'입니다.

Ascribe to the LORD, O families of nations, ascribe to the LORD glory and strength, ascribe to the LORD the glory due his name. Bring an offering and come before him; worship the LORD in the splendor of his holiness.

1 Chronicles 16:28-29

여러 나라의 종족들아 영광과 권능을 여호와께 돌릴지어다 여호와께 돌릴지어다 여호와의 이름에 합당한 영광을 그에게 돌릴지어다 제물을 들고 그 앞에 들어갈지어다 아름답고 거룩한 것으로 여호와께 경배할지어다

역대상 16:28-29

🌿 말씀 새기기 *Carving Words*

Ascribe the glory. 영광을 돌려라.

Ascribe the glory to the LORD. 여호와께 영광을 돌려라.

Ascribe to the LORD the glory due his name.
여호와의 이름에 합당한 영광을 그에게 돌릴지어다.

하나님의 도우심 없이는 모든 일이 불가능하다

They realized that this work had been done with the help of our God.

그들이 우리 하나님께서 이 역사를 이루신 것을 앎이니라

느헤미야 6:16

말콤 글래드웰은 『아웃라이어』에서 이렇게 결론을 내립니다. '자수성가란 없다. 환경과 시대가 도와주지 않으면 개인의 성공은 불가능하다.' 그렇습니다. 우리는 무엇에 실패할 때는 꼭 환경을 탓합니다. We don't blame ourselves. 우리 자신을 탓하지 않죠. 조금이라도 성공하면 바로 교만arrogance이 머리를 듭니다. 교만은 무지ignorance에서 옵니다. 조그만 성공이라도 하나님의 도우심the help of God이 없으면 불가능합니다. 그리고 the help of God은 친구의 손길을 통해, 시대를 통해, 역사를 통해 우리에게 옵니다. 완벽해 보이는 수많은 위인들조차 the help of God이 없었다면 결코 이름을 남기지 못했을 것입니다. We have to realize that everything is done with the help of our God. 하나님께서 모든 역사를 이루시는 것을 우리는 깨달아야 합니다.

So the wall was completed on the twenty-fifth of Elul, in fifty-two days. When all our enemies heard about this, all the surrounding nations were afraid and lost their self-confidence, because they realized that this work had been done with the help of our God.

Nehemiah 6:15-16

성벽 역사가 오십이 일 만인 엘룰 월 이십오 일에 끝나매 우리의 모든 대적과 주위에 있는 이방 족속들이 이를 듣고 다 두려워하여 크게 낙담하였으니 그들이 우리 하나님께서 이 역사를 이루신 것을 앎이니라

느헤미야 6:15-16

🌿 말씀 새기기 *Carving Words*

This work was done. 이 역사가 이루어졌다.

They realized that this work had been done.
그들은 이 역사가 이루어진 것을 알았다.

They realized that this work had been done with the help of our God.
그들이 우리 하나님께서 이 역사를 이루신 것을 알았다.

영적인 위생과 도덕적인 손

Those with clean hands will grow stronger.

손이 깨끗한 자는 점점 힘을 얻느니라

욥기 17:9

의사인 제 여동생에겐 강박적인 습관이 하나 있습니다. 손을 하루 종일 씻는다는 것입니다. 여동생의 집을 방문할라치면 현관에서부터 "손 발부터 씻어!"라는 외침을 한 번도 빠짐없이 들을 수 있습니다. 그런데 이런 '강박적' 습관을 제가 받아들인 이유는 동생이 지난 15년간 단한 번도 감기에 걸리지 않았기 때문입니다. 감기는 주로 자신의 손을 통해 감염된다고 합니다. 지난 15년간 저는 1년에 한두 번 감기를 꼭 앓았으니 그 시간과 에너지를 합산하면 동생이 저보다 한 달여의 시간을 더 알차게 보냈다고 할 수 있지요. 영적으로도 마찬가지입니다. 남에게 언제라도 보여줄 수 있는 도덕적 손을 가진 사람those with clean hands은 뒤탈로 인한 에너지 낭비가 없으니 점점 힘을 얻을 수밖에요 will grow stronger. 육이나 영이나 '위생'은 정말 중요한 것인가 봅니다.

God has made me a byword to everyone, a man in whose face people spit. My eyes have grown dim with grief; my whole frame is but a shadow. Upright men are appalled at this; the innocent are aroused against the ungodly. Nevertheless, the righteous will hold to their ways, and those with clean hands will grow stronger.

Job 17:6-9

하나님이 나를 백성의 속담거리가 되게 하시니 그들이 내 얼굴에 침을 뱉는구나 내 눈은 근심 때문에 어두워지고 나의 온 지체는 그림자 같구나 정직한 자는 이로 말미암아 놀라고 죄 없는 자는 경건하지 못한 자 때문에 분을 내나니 그러므로 의인은 그 길을 꾸준히 가고 손이 깨끗한 자는 점점 힘을 얻느니라

욥기 17:6-9

🍃 말씀 새기기 *Carving Words*

Those with clean hands grow strong. 손이 깨끗한 자는 힘을 얻는다.

Those with clean hands will grow strong.
손이 깨끗한 자는 힘을 얻을 것이다.

Those with clean hands will grow stronger.
손이 깨끗한 자는 점점 힘을 얻을 것이다.

하나님께 연락이 안 된다면

You will pray to him, and he will hear you.

너는 그에게 기도하겠고 그는 들으실 것이며

욥기 22:27

어떤 여인과 연애하던 때를 생각해 봅니다. 달콤한 시간을 보냈지만 나름대로 고통스러운 시간도 있었습니다. 상대방이 한동안 연락을 끊어버리면 지금처럼 실시간으로 사람의 위치를 확인할 수 있었던 것도 아니고, 그야말로 속수무책, 사랑하는 사람에게 영원히 외면당하는 것은 아닌지 불안감에 떨어야 했습니다. 하지만 그녀를 향한 제 '믿음'이 좋아서인지, '분명 무슨 이유가 있을 거야' 하는 마음으로 길고 지루한 시간을 견뎠습니다. 그 여성은 지금 제 곁에서 잘 살고 있고요. 하나님도 가끔 일부러 연락을 끊으시는 경우가 있습니다. 분명 무슨 이유가 있기 때문입니다. 그러다가 그의 때가 이르면 You will pray to him, 너는 그에게 기도하겠고, and he will hear you! 그는 들으실 것입니다! 하나님께 연락이 안 되시나요? 분명 무슨 이유가 있을 것입니다!

You will pray to him, and he will hear you, and you will fulfill your vows. What you decide on will be done, and light will shine on your ways. When men are brought low and you say, 'Life them up!' then he will save the downcast.

Job 22:27-29

너는 그에게 기도하겠고 그는 들으실 것이며 너의 서원을 네가 갚으리라 네가 무엇을 결정하면 이루어질 것이요 네 길에 빛이 비치리라 사람들이 너를 낮추거든 너는 교만했노라고 말하라 하나님은 겸손한 자를 구원하시리라

욥기 22:27-29

🌿 말씀 새기기 *Carving Words*

Pray to him. 그에게 기도하라.
You will pray to him. 너는 그에게 기도할 것이다.
You will pray to him, and he will hear you.
너는 그에게 기도하겠고, 그는 들으실 것이다.

순종하면 형통한 날을 보낸다

If they obey and serve him,
they will spend the rest of their days in prosperity.

만일 그들이 순종하여 섬기면 형통한 날을 보내며

욥기 36:11

같이 일하던 미국인 강사가 체해서 얼굴이 하얘졌습니다. 제가 말했습니다. 손가락을 따 보겠냐고, 손가락을 바늘로 찔러서 피를 한 방울 내면 체한 것이 금방 내려간다는 것을 대부분의 한국인들은 체험으로 잘 알고 있습니다. 하지만 서양인에게 이런 일은 '듣도 보도 못한' 기괴한 주술입니다. '과학적' 근거가 아직 없으니까요. 그는 제 말에 기겁을 해서는 자기 교실로 도망치듯 가버렸습니다. 만약 그가 제 충고에 순종했더라면 조금이나마 나아졌을지 모릅니다. He would have spent the rest of his day with ease. 남은 하루를 편하게 보냈겠지요. 사람의 지식은 부분적이지만 God knows everything. 하나님은 다 아시죠. 그래서 순종이 필요합니다. 순종하면 They will spend the rest of their days in prosperity. 형통한 날을 보낼 것입니다.

50

If they obey and serve him, they will spend the rest of their days in prosperity and their years in contentment. But if they do not listen, they will perish by the sword and die without knowledge. The godless in heart harbor resentment; even when he fetters them, they do not cry for help.

Job 36:11-14

만일 그들이 순종하여 섬기면 형통한 날을 보내며 즐거운 해를 지낼 것이요 만일 그들이 순종하지 아니하면 칼에 망하며 지식 없이 죽을 것이니라 마음이 경건하지 아니한 자들은 분노를 쌓으며 하나님이 속박할지라도 도움을 구하지 아니하나니

욥기 36:11-14

🌿 말씀 새기기 *Carving Words*

They will spend the rest. 그들은 나머지 시간을 보낼 것이다.
They will spend the rest of their days. 그들은 나머지 날을 보낼 것이다.
They will spend the rest of their days in prosperity.
그들은 형통한 날을 보낼 것이다.

죄인과 함께 행동하지 않기

Blessed is the man who does not walk
in the counsel of the wicked.

복 있는 사람은 악인들의 꾀를 따르지 아니하며

시편 1:1

'Blessed is/are~'로 시작하는 성경의 문구는 원래 '복 있는 사람은…' 정도의 약한 말이 아니라 '~한 사람이여, 축하합니다!' 식의 좀 더 강한 선포의 표현입니다. 자, 그럼 어떤 사람이 복이 있다고 강조하고 계신지 볼까요? 우선은 who does not walk in the counsel of the wicked(사악한 자의 모임에 가지 않는 자. 여기에서 the wicked는 '사악한 자', counsel은 '회합'이지만 '꾀'라고 해석이 되기도 합니다)라고 말합니다. 죄는 일단 그냥 피하고 볼 일이라는 것입니다. 두 번째는 who does not stand in the way of sinners(죄인들의 길에 서지 않는 자)입니다. 나쁜 것과 접촉하면 결국 그들과 같은 행동을 하게 되어 있죠. 더 나아가 악한 것을 피하지 않고, 같이 행동하면 나중엔 어떻게 될까요? 그렇죠! 오만한 자의 자리에 눌러 앉게 되는 것이죠. 복 받고 싶으십니까? 죄인에게 가까이 가지 마세요. 함께 행동하지 마세요. 그리고 거기 눌러앉지 마세요!

Blessed is the man who does not walk in the counsel of the wicked or stand in the way of sinners or sit in the seat of mockers.

Psalms 1:1

복 있는 사람은 악인들의 꾀를 따르지 아니하며 죄인들의 길에 서지 아니하며 오만한 자들의 자리에 앉지 아니하고

시편 1:1

🍃 말씀 새기기 *Carving Words*

Blessed is the man. 그 사람은 복이 있다.

Blessed is the man who does not walk in the counsel.
꾀를 따르지 않는 자는 복이 있다.

Blessed is the man who does not walk in the counsel of the wicked.
악인들의 꾀를 따르지 않는 자는 복이 있다.

말씀의 맛은 기쁨을 준다

His delight is in the law of the LORD.

오직 여호와의 율법을 즐거워하여

시편 1:2

delight는 '기쁨' 혹은 '기뻐하다'라는 뜻입니다. 그냥 기분이 좋은 것이 아니라 첫아이가 태어날 때처럼 어쩔 줄 모르고 좋아하는 모습을 떠올리면 됩니다. 그런데 그 대상이 애인도 아니고 자식도 아닌 'the law of the LORD(여호와의 율법)'라니요. 사실 성경 말씀을 읽고 있으면 제아무리 장사라도 스르르 잠이 오는 것이 보통이지요. 그럼 말씀을 대하면서 '애인 본 듯' 하는 것이 어떻게 하면 가능할까요? 그건 말씀을 어떻게 읽느냐에 달려 있어요. 읽기 전에 'Talk to me through the scripture today(오늘 이 구절로 내게 말씀하소서).' 하고 기도하고 말씀 한 구절 한 구절을 깊게 묵상합니다. 그리고 말씀에 따라 하나님께 기도하면 pray to God according to the words 말씀이 스르르 소화되면서 우리의 삶을 천천히 바꾸어 가는 것을 비로소 느끼게 됩니다. '맛'을 한 번 보고 나면 비로소 delight라는 말의 의미를 알게 되는 거지요.

But his delight is in the law of the LORD, and on his law he meditates day and night. He is like a tree planted by streams of water, which yields its fruit in season and whose leaf does not wither. Whatever he does prospers. Not so the wicked! They are like chaff that the wind blows away.

Psalms 1:2-4

오직 여호와의 율법을 즐거워하여 그의 율법을 주야로 묵상하는도다 그는 시냇가에 심은 나무가 철을 따라 열매를 맺으며 그 잎사귀가 마르지 아니 함 같으니 그가 하는 모든 일이 다 형통하리로다 악인들은 그렇지 아니함 이여 오직 바람에 나는 겨와 같도다

시편 1:2-4

🌿 말씀 새기기 *Carving Words*

His delight is. 그의 즐거움은 있다.

His delight is in the law. 그의 즐거움은 율법 안에 있다.

His delight is in the law of the LORD. 그는 여호와의 율법을 즐거워한다.

Psalms 1

Blessed is the man who does not walk

in the counsel of the wicked

or stand in the way of sinners

or sit in the seat of mockers.

But his delight is in the law of the LORD,

and on his law he meditates day and night.

He is like a tree planted by streams of water,

which yields its fruit in season

and whose leaf does not wither.

Whatever he does prospers.

Not so the wicked! They are like chaff

that the wind blows away.

Therefore the wicked will not stand in the judgment,

nor sinners in the assembly of the righteous.

For the LORD watches over the way of the righteous,

but the way of the wicked will perish.

시편 1편

복 있는 사람은 악인들의 꾀를 따르지 아니하며

죄인들의 길에 서지 아니하며

오만한 자들의 자리에 앉지 아니하고

오직 여호와의 율법을 즐거워하여

그의 율법을 주야로 묵상하는도다

그는 시냇가에 심은 나무가 철을 따라 열매를 맺으며

그 잎사귀가 마르지 아니함 같으니

그가 하는 모든 일이 다 형통하리로다

악인들은 그렇지 아니함이여 오직 바람에 나는 겨와 같도다

그러므로 악인들은 심판을 견디지 못하며

죄인들이 의인들의 모임에 들지 못하리로다

무릇 의인들의 길은 여호와께서 인정하시나

악인들의 길은 망하리로다

마음을 지키는 방패

You are a shield around me, O LORD.

여호와여 주는 나의 방패시요
시편 3:3

다윗에게는 압살롬이라는 아름다운 아들이 있었습니다. 이 아들이 왕인 아버지에게 반란을 일으켰습니다. 비참한 모습으로 피난길에 오른 다윗이 이렇게 노래합니다. "But you are a shield around me(그러나 주는 나의 방패시요), You bestow glory on me(나에게 영광 주시며), and lift up my head(내 머리를 드시나이다)." 뭐가 방패고 뭐가 영광이고 뭐가 머리를 듭니까? 왕궁을 빼앗겼으니 직장을 잃은 것이고, 아들이 반란을 했으니 콩가루 집안의 수치를 당한 것인데요. 여기서 오늘 말씀에 나온 shield(방패)의 진정한 의미가 드러납니다. 다윗의 shield는 직장과 예금과 건강을 지키는 방패가 아니라 우리의 spirit, '마음을 지키는 방패'였습니다. 다윗은 비참한 상황 속에서 하나님이 그의 '영과 마음'을 굳건히 지켜주기를 기도했습니다. '무릇 지킬 만한 것 중에서 마음을 지키는' 우리가 되었으면 좋겠습니다.

O LORD, how many are my foes! How many rise up against me! Many are saying of me, "God will not deliver him." Selah But you are a shield around me, O LORD; you bestow glory on me and lift up my head. To the LORD I cry aloud, and he answers me from his holy hill. Selah

Psalms 3:1-4

여호와여 나의 대적이 어찌 그리 많은지요 일어나 나를 치는 자가 많으니이다 많은 사람이 나를 대적하여 말하기를 그는 하나님께 구원을 받지 못한다 하나이다(셀라) 여호와여 주는 나의 방패시요 나의 영광이시요 나의 머리를 드시는 자이시니이다 내가 나의 목소리로 여호와께 부르짖으니 그의 성산에서 응답하시는도다(셀라)

시편 3:1-4

🍂 말씀 새기기 *Carving Words*

You are a shield. 당신은 방패이시다.

You are a shield around me. 당신은 나의 방패이시다.

You are a shield around me, O LORD. 여호와여, 당신은 저의 방패이시다.

축복 레시피

May your blessing be on your people.

주의 복을 주의 백성에게 내리소서
시편 3:8

내가 생각하는 복과 하나님이 계획하신 복이 다르게 느껴지면 갈등을 느낍니다. 나는 돈을 잘 벌고 내 뜻대로 일이 풀리는 게 복이라고 생각하는데, 하나님은 육신보다는 영혼에 복 주시기를 더 원하십니다. '주의 복 your blessing'이라고 말한 것이 그 해석의 단초입니다. 세상에서 말하는 모든 복들은 다 눈에 보이는 것들입니다. 재산, 처, 자녀, 치아 등. 하나님의 복은 '땅의 풍성함과 하늘에서 내리는 이슬,' 즉 육과 영의 복이 이상적으로 배합된 복입니다. 여기 오해하면 안 되는 점은 두 가지가 '함께' 오지 않는다는 것입니다. 땅의 고난을 통해서 하늘의 복이 내리고 또 하늘의 복을 통해 땅의 풍성함이 이어지는 오직 하나님만의 '축복 레시피'가 존재합니다. 우리는 언제나 '한 방'의 축복으로 모든 것을 해결되길 기도하지만 하나님은 인생의 작은 사건 사건으로 아름다운 축복의 수를 놓으시길 원하십니다.

I will not fear the tens of thousands drawn up against me on every side. Arise, O LORD! Deliver me, O my God! Strike all my enemies on the Jaw; break the teeth of the wicked. From the LORD comes deliverance. May your blessing be on your people. Selah

Psalms 3:6-8

천만인이 나를 에워싸 진 친다 하여도 나는 두려워하지 아니하리이다 여호와여 일어나소서 나의 하나님이여 나를 구원하소서 주께서 나의 모든 원수의 뺨을 치시며 악인의 이를 꺾으셨나이다 구원은 여호와께 있사오니 주의 복을 주의 백성에게 내리소서(셀라)

시편 3:6-8

❧ 말씀 새기기 *Carving Words*

Be on your people. 당신의 백성에게 있으라.

Your blessing be on your people. 축복이 당신의 백성에게 있으라.

May your blessing be on your people.

축복이 당신의 백성에게 있기를 바라나이다.

고요한 골방에서 영혼의 양식을

You have filled my heart with greater joy
than when their grain and new wine abound.

주께서 내 마음에 두신 기쁨은 그들의 곡식과
새 포도주가 풍성할 때보다 더하나이다
시편 4:7

사람을 행복하게 하는 것은 여러 가지가 있습니다. 우선, 곡식과 포도주grain and wine입니다. 우리에게는 의식주의 기본적 욕구가 있으며 이것들이 채워질 때 기뻐합니다. 다음으로는 풍성함abound/abundance입니다. 또 우리는 새로운new 것을 좋아합니다. 오늘 산 새 컴퓨터는 내일 중고가 됩니다. 그래서 마음은 여전히 비어 있습니다. 이 빈 곳은 하나님의 자리입니다. 세상의 그 어떤 것도 채울 수 없는 하나님만의 자리가 '영혼'이라는 이름으로 우리 안에 있습니다. 그것이 채워지는 자리가 바로 '생명의 양식'이 필요한 자리입니다. 우리는 육신을 채우는 대낮의 양식으로만은 살 수 없습니다. 고요한 골방에서 우리의 영혼을 채우는 생명의 양식만이 우리를 곡식과 새 포도주가 풍성할 때보다 더한 기쁨으로 인도할 것입니다. My Lord, come and fill my heart with your joy! 곡식과 새 포도주가 채울 수 없는 것을 하나님이 채우소서!

Offer right sacrifices and trust in the LORD. Many are asking, "Who can show us any good?" Let the light of your face shine upon us, O LORD. You have filled my heart with greater joy than when their grain and new wine abound.

Psalms 4:5-7

의의 제사를 드리고 여호와를 의지할지어다 여러 사람의 말이 우리에게 선을 보일 자 누구뇨 하오니 여호와여 주의 얼굴을 들어 우리에게 비추소서 주께서 내 마음에 두신 기쁨은 그들의 곡식과 새 포도주가 풍성할 때보다 더하니이다

시편 4:5-7

🌿 **말씀 새기기** *Carving Words*

You filled my heart. 당신이 내 마음을 채웠다.
You have filled my heart. 당신이 내 마음을 채워 오셨다.
You have filled my heart with great joy.
당신이 큰 기쁨으로 내 마음을 채워 오셨다.

인생 추격대와 하나님의 돌보심

I will lie down and sleep in peace,
for you alone, O LORD, make me dwell in safety.

내가 평안히 눕고 자기도 하리니 나를 안전히 살게 하시는 이는
오직 여호와이시니이다

시편 4:8

시편의 저자인 다윗은 오랜 세월을 사울 왕에게 쫓겨 다녔습니다. 평안히 눕고 자기도 하는 lie down and sleep in peace 인간 삶의 가장 기본적인 권리를 박탈당하고 참으로 고단하게 산 것이지요. 하지만 매일 추격을 당하는 것은 다윗뿐만이 아닙니다. 대출 이자에, 카드 값에, 혹은 밀린 숙제에, 아니면 뒤처진 노후 준비에 우리 모두가 날마다 추격을 당하고 있습니다. 인생의 추격대는 겉보기에 아무 문제 없어 보이는 나를 평안히 눕고 자지도 lie down and sleep in peace 못하게 합니다. 게다가 추격대를 한 번 물리쳤다고 끝나는 게 아닙니다. 아무리 물리쳐도 바로 다음 추격대가 우리를 뒤쫓습니다. 인생은 추격대가 없어서 평안한 것이 아니라 하나님이 지켜주셔서 안전한 것입니다. The Lord makes me dwell in safety.

Many are asking, "Who can show us any good?" Let the light of your face shine upon us, O LORD. You have filled my heart with greater joy than when their grain and new wine abound. I will lie down and sleep in peace, for you alone, O LORD, make me dwell in safety.

Psalms 4:6-8

여러 사람의 말이 우리에게 선을 보일 자 누구뇨 하오니 여호와여 주의 얼굴을 들어 우리에게 비추소서 주께서 내 마음에 두신 기쁨은 그들의 곡식과 새 포도주가 풍성할 때보다 더하니이다 내가 평안히 눕고 자기도 하리니 나를 안전히 살게 하시는 이는 오직 여호와이시니이다

시편 4:6-8

🌿 말씀 새기기 *Carving Words*

You make me dwell. 당신은 나를 살게 하신다.
You make me dwell in safety. 당신은 나를 안전히 살게 하신다.
You alone, O LORD, you make me dwell in safety.
나를 안전히 살게 하시는 이는 오직 여호와이시니이다.

나를 위해 만드신 모든 것

I consider your heavens, the work of your fingers,
the moon and the stars, which you have set in place.

주의 손가락으로 만드신 주의 하늘과
주께서 베풀어 두신 달과 별들을 내가 보오니
시편 8:3

지금은 '말만 한' 처녀가 되어버린 큰딸이 태어났을 때, 세상에 딸처럼
사랑스러운 존재는 없는 듯싶었습니다. 매일 이 녀석이 좋아할 일이
무엇인지 생각해 내는 것이 일상이었죠. 그중 가장 재미있었던 것은
'모빌'이었습니다. 늘 누워 있는 아기가 볼 것이라곤 천장뿐이었기에
몇 시간씩 가게를 돌며 가장 아름다운 모빌을 골라 천장에 달곤 했습
니다. 누르면 소리도 나던 빨간 모빌을 손가락질하며 '떼떼떼' 웃음소
리를 내던 딸의 모습이 아직도 눈에 선합니다. 그리고 문득 생각해 봅
니다. 주께서 나를 위해 달아주신 달과 별들을 보며 나는 얼마나 '떼
떼떼' 하며 기뻐하는지, 주께서 나를 위해 주신 가정과 직장과 동역자
들을 보며 나는 또 얼마나 '떼떼떼' 하며 기뻐하는지. 주님 감사합니
다. 오늘 다시 시작합니다. 떼떼떼.

When I consider your heavens, the work of your fingers, the moon and the stars, which you have set in place what is man that you are mindful of him, the son of man that you care for him? You made him a little lower than the heavenly beings and crowned him with glory and honor.

Psalms 8:3-5

주의 손가락으로 만드신 주의 하늘과 주께서 베풀어 두신 달과 별들을 내가 보오니 사람이 무엇이기에 주께서 그를 생각하시며 인자가 무엇이기에 주께서 그를 돌보시나이까 그를 하나님보다 조금 못하게 하시고 영화와 존귀로 관을 씌우셨나이다

시편 8:3-5

🌿 말씀 새기기 *Carving Words*

I consider. 나는 자세히 본다.

I consider your heavens. 나는 당신의 하늘을 자세히 본다.

I consider your heavens, the work of your fingers.
당신의 손가락으로 만드신 주의 하늘을 본다.

하나님과 인격적인 대면

I have set the LORD always before me.
Because he is at my right hand, I will not be shaken.

내가 여호와를 항상 내 앞에 모심이여
그가 나의 오른쪽에 계시므로 내가 흔들리지 아니하리로다
시편 16:8

시편 16장 8절은 참 '재미있는' 구절입니다. 나는 하나님을 내 앞에 before me 모신다고 했는데, 정작 하나님은 내 오른쪽에 at my right 계신다고요? He is at my right. 그가 나의 오른쪽에 계신다는 것은 주님이 나의 삶의 '기준'이 되신다는 뜻입니다. 무소부재無所不在의 하나님께서 어찌 내 오른쪽에만 계시겠습니까? '이 사람이 내 오른팔이요' 할 때처럼. 하나님을 의지한다는 뜻 I rely on Him.이지요. 자, 이번엔 I have set the Lord before me. 하나님을 '내 앞에' 모신다는 말씀의 뜻입니다. 이것은 하나님을 대할 때 '흘끗' 바라보거나 '관찰'하거나, '무시' 하지 않는다는 뜻입니다. 문자 그대로 before me '앞에' 모시고 '인격적 대면'을 한다는 뜻입니다. He is my friend! 하나님은 나의 친구이기 때문입니다.

I have set the LORD always before me. Because he is at my right hand, I will not be shaken. Therefore my heart is glad and my tongue rejoices; my body also will rest secure, because you will not abandon me to the grave, nor will you let your Holy One see decay.

Psalms 16:8-10

내가 여호와를 항상 내 앞에 모심이여 그가 나의 오른쪽에 계시므로 내가 흔들리지 아니하리로다 이러므로 나의 마음이 기쁘고 나의 영도 즐거워하며 내 육체도 안전히 살리니 이는 주께서 내 영혼을 스올에 버리지 아니하시며 주의 거룩한 자를 멸망시키지 않으실 것임이니이다

시편 16:8-10

🌿 말씀 새기기 *Carving Words*

I have set the LORD. 내가 여호와를 모신다.

I have set the LORD before me. 내가 여호와를 내 앞에 모신다.

I have set the LORD always before me.

내가 여호와를 항상 내 앞에 모신다.

인간의 한계를 고백하는 지혜

Some trust in chariots and some in horses,
but we trust in the name of the LORD our God.

어떤 사람은 병거, 어떤 사람은 말을 의지하나
우리는 여호와 우리 하나님의 이름을 자랑하리로다
시편 20:7

'나는 내 주먹을 믿는다'는 말이 있습니다. 눈에 보이지 않는 신을 믿느니 차라리 나 자신을 믿겠다는 말이지요. 그런데 불신자들의 이런 말도 잘 살펴보면 그들이 중, 노년에 이르면서 그 빈도가 줄어드는 것을 볼 수 있습니다. '주먹'이라는 게 별로 믿을 것이 못 된다는 것을 깨달아 점점 '지혜로워져가는' 것이지요. 진정한 지혜는 소극적으로 인간의 한계를 고백하는 데서 그치지 않고 하나님의 능력을 인정하는 것입니다. 당신의 인생에 하나님의 역할을 인정하십시오. Some trust in chariots, 어떤 이는 사람이 만든 전차를 믿고, some trust in horses, 어떤 이는 피조물인 말에 의지하지만, but we trust in the name of the Lord our God. 하나님의 이름에 의지하는 우리는 진정한 구원을 얻습니다.

Now I know that the LORD saves his anointed; he answers him from his holy heaven with the saving power of his right hand. Some trust in chariots and some in horses, but we trust in the name of the LORD our God.

Psalms 20:6-7

여호와께서 자기에게 기름 부음 받은 자를 구원하시는 줄 이제 내가 아노니 그의 오른손의 구원하는 힘으로 그의 거룩한 하늘에서 그에게 응답하시리로다 어떤 사람은 병거, 어떤 사람은 말을 의지하나 우리는 여호와 우리 하나님의 이름을 자랑하리로다

시편 20:6-7

🌿 말씀 새기기 *Carving Words*

We trust. 우리는 의지한다.

We trust in the name of the LORD. 우리는 여호와의 이름을 의지한다.

We trust in the name of the LORD our God.

우리는 여호와 우리 하나님의 이름을 의지한다.

하나님은 나를 쉬게 하는 분

He makes me lie down in green pastures.

그가 나를 푸른 풀밭에 누이시며

시편 23:2

참 좋은 말씀입니다! 이 말씀에 사역동사 make가 등장한다는 사실을 알게 되면 순식간에 마음의 평안이 사라지지 않나요? 다들 사역동사에 대한 안 좋은 기억이 많잖아요. 하지만 아무리 거창한 문법 용어라도 우리가 일상생활에서 매일 사용하는 것들에 관한 이야기이니 일단 쫄지 마세요. 사역동사는 '~하게 하다'라는 뜻을 나타내는 동사들을 말합니다. make, have, let이 바로 사역동사들이죠. 그런데 똑같이 '~하게 하다'라고 해도 다 뜻이 다릅니다. let을 써주면 '개가 문밖에서 문을 긁어서 들어오게 하다'에서처럼 원하는 것을 허락한다는 뜻이고, have를 써주면 '세탁소 아저씨에게 드라이 클리닝을 시키다'처럼 직업적으로 하게 되어 있는 것을 시킨다는 뜻이지요. 하지만 make는 다릅니다. '아이가 공부를 안 하면 공부를 하게 시킨다'에서처럼 '강제'의 뜻을 가지고 있어요. 허허. 우리 하나님이 나를 푸른 초장에 '강제로' 누이신답니다. 세상에 이런 희소식이 있나요. 하나님은 그만큼 나를 반드시 쉬게 하시는 분이란 거죠. 너무 좋죠?

The LORD is my shepherd, I shall not be in want. He makes me lie down in green pastures, he leads beside quiet waters, he restores my soul. He guides me in paths of righteousness for his name's sake.

Psalms 23:1-3

여호와는 나의 목자시니 내게 부족함이 없으리로다 그가 나를 푸른 풀밭에 누이시며 쉴 만한 물 가로 인도하시는도다 내 영혼을 소생시키고 자기 이름을 위하여 의의 길로 인도하시는도다

시편 23:1-3

🍃 말씀 새기기 *Carving Words*

lie down. 눕다.
He makes me lie down. 그는 나를 눕게 만드신다.
He makes me lie down in green pastures.
그는 나를 푸른 초장에 누이신다.

다윗처럼 늘 감사한 인생 살기

I will fear no evil, for you are with me.

해를 두려워하지 않을 것은 주께서 나와 함께 하심이라
시편 23:4

사망의 음침한 골짜기를 혼자 지나가는 게 얼마나 무서운지 그 공포
는 경험해 본 사람만이 알 수 있지요. 배고파 본 사람만이 일용할 양
식이 있는 것에 감사할 수 있고, 차비가 없어서 두 시간을 걸어 본 사
람만이 돈의 소중함을 알 수 있으니까요. 잘 알려진 대로 시편을 쓸 당
시 다윗은 자신의 생명을 노리는 사울에 쫓기며 시시각각 조여 오는
사망의 공포와 싸우고 있었습니다. 남의 발을 밟아 놓고 미안하다는
사과 한마디 없는 파렴치한 인간만 봐도 하루 종일 기분이 나쁘고 용
서가 안 되는데 생명이 위협받는 급박한 순간에 이런 고백을 하기가
쉽지 않았겠지요. 보통 사람이라면 시를 읊을 여유는커녕 떨려서 제대
로 구구단도 못 외울걸요? 어쨌든 언제나 다윗처럼 늘 감사합시다. 그
럼 다윗처럼 굵은 인생을 살게 될 것입니다.

Even though I walk through the valley of the shadow of death, I will fear no evil, for you are with me; your rod and your staff, they comfort me. You prepare a table before me in the presence of my enemies. You anoint my head with oil; my cup overflows.

Psalms 23:4-5

내가 사망의 음침한 골짜기로 다닐지라도 해를 두려워하지 않을 것은 주께서 나와 함께 하심이라 주의 지팡이와 막대기가 나를 안위하시나이다 주께서 내 원수의 목전에서 내게 상을 차려 주시고 기름을 내 머리에 부으셨으니 내 잔이 넘치나이다

시편 23:4-5

🍃 말씀 새기기 *Carving Words*

I will fear. 내가 두려워할 것이다.

I will fear no evil. 내가 해를 두려워하지 않을 것이다.

I will fear no evil, for you are with me.
내가 해를 두려워하지 않을 것은 당신이 나와 함께 하시기 때문이다.

Psalms 23

The LORD is my shepherd,

I shall not be in want.

He makes me lie down in green pastures,

he leads me beside quiet waters,

he restores my soul.

He guides me in paths of righteousness for his name's sake.

Even though I walk through the valley

of the shadow of death,

I will fear no evil, for you are with me;

your rod and your staff, they comfort me.

You prepare a table before me in the presence of my enemies.

You anoint my head with oil; my cup overflows.

Surely goodness and love will follow me

all the days of my life,

and I will dwell in the house of the LORD forever.

시편 23편

여호와는 나의 목자시니

내게 부족함이 없으리로다

그가 나를 푸른 풀밭에 누이시며

쉴 만한 물 가로 인도하시는도다

내 영혼을 소생시키시고

자기 이름을 위하여 의의 길로 인도하시는도다

내가 사망의 음침한 골짜기로 다닐지라도

해를 두려워하지 않을 것은 주께서 나와 함께 하심이라

주의 지팡이와 막대기가 나를 안위하시나이다

주께서 내 원수의 목전에서 내게 상을 차려 주시고

기름을 내 머리에 부으셨으니 내 잔이 넘치나이다

내 평생에 선하심과 인자하심이 반드시 나를 따르리니

내가 여호와의 집에 영원히 살리로다

인간도 피조물일 뿐이다

The LORD is my light and my salvation-whom shall I fear?

여호와는 나의 빛이요 나의 구원이시니 내가 누구를 두려워하리요
시편 27:1

어린 시절 학교에서 돌아오는 골목길에는 나보다도 머리 하나 더 큰 '불량 꼬마'가 항상 나를 기다리고 있었습니다. 집에서 가지고 나갔던 값나가는 물건은 여지없이 이 녀석에게 다 빼앗기곤 했죠. 급기야는 새로 산 스웨터를 벗어주고 돌아오는 일까지 생기자 어머니에게 사태를 말하지 않을 수 없었습니다. '폭주 기관차' 같은 박력에 완력까지 갖추신 우리 어머니가 출동했습니다. 그 후 그 아이는 골목길에서 자취를 감추어 버렸고 저는 편안한 등하굣길을 즐길 수 있었습니다. Who shall I fear? 도대체 누굴 두려워하겠습니까? The Lord is my light and salvation. 주님은 빛이며 구원이십니다. 내가 두려워하는 그 인간도 피조물일 뿐입니다. 상대가 되지 않습니다. 주님은 그저 '출동의 시간'을 잠시 기다리고 계십니다. Contemplate on Him, and be free from all fears. 그를 묵상하며 모든 두려움에서 자유하십시오.

The LORD is my light and my salvation – whom shall I fear? The LORD is the stronghold of my life – of whom shall I be afraid? When evil men advance against me to devour my flesh, when my enemies and my foes attack me, they will stumble and fall.

Psalms 27:1-3

여호와는 나의 빛이요 나의 구원이시니 내가 누구를 두려워하리요 여호와는 내 생명의 능력이시니 내가 누구를 무서워하리요 악인들이 내 살을 먹으려고 내게로 왔으나 나의 대적들, 나의 원수들인 그들은 실족하여 넘어졌도다

시편 27:1-3

🌿 말씀 새기기 *Carving Words*

The LORD 여호와

The LORD is my light. 여호와는 나의 빛이시다.

The LORD is my light and my salvation.
여호와는 나의 빛이요 나의 구원이시다.

요람부터 무덤까지 인생은 초행길

*I will instruct you and teach you
in the way you should go.*

내가 네 갈 길을 가르쳐 보이고
시편 32:8

어린 시절, 제 눈에 비친 대학생들은 지혜로운 어른들이었습니다. 막상 대학생이 되니 대학생활은 방황의 연속이었습니다. 서른쯤 되면 틀림없이 성숙하게 될 것이라고 생각했습니다. 서른이 되었습니다. 역시또 틀렸습니다. 마흔이 되었습니다. 아직도 하루하루 어느 길로 가야할지를 망설입니다. 지혜와 성숙은 아직도 멀게만 느껴집니다. 사람은 누구나 그 나이, 오늘 아침은 생전 처음 겪어 보는 시간입니다. 오늘 내가 만 80세의 아침을 맞았다면 나에게 그날은 여전히 처음 겪는 날이고 오늘 내가 가야 할 길은 여전히 낯선 길입니다. 그래서 인생은 요람에서 무덤까지 모조리 '초행길'입니다. 'I will instruct you and teach you in the way you should go(내가 네 갈 길을 가르쳐 보이겠다).'는 하나님의 말씀은 그래서 어른, 아이 할 것 없이 사막에서 샘을 만난 듯 고마운 말씀입니다. 하나님, 오늘도 우리에게 길을 보여주소서.

You are my hiding place; you will protect me from trouble and surround me with songs of deliverance. Selah I will instruct you and teach you in the way you should go; I will counsel you and watch over you.

Psalms 32:7-8

주는 나의 은신처이오니 환난에서 나를 보호하시고 구원의 노래로 나를 두르시리이다(셀라) 내가 네 갈 길을 가르쳐 보이고 너를 주목하여 훈계하리로다

시편 32:7-8

🦋 말씀 새기기*Carving Words*

I will teach you. 내가 너를 가르칠 것이다.
I will teach you in the way. 내가 네게 길을 가르쳐 보일 것이다.
I will teach you in the way should go. 내가 네 갈 길을 가르쳐 보일 것이다.

거짓으로 얻은 것은 잃는다

Keep your tongue from evil and
your lips from speaking lies.

네 혀를 악에서 금하며 네 입술을 거짓말에서 금할지어다
시편 34:13

남자들 중에는 바람둥이들이 꽤 있습니다. 그들은 '열 여자 마다 않는' 다다익선주의의 신봉자들이죠. 그런데 전 행복할까 좀 의심스럽습니다. 왜냐하면 많은 여자를 동시에 사귀려면 거짓말이 보통 정교해서는 명함도 못 내밀뿐더러 자기가 한 모든 거짓말을 다 기억하는 데 엄청난 에너지를 써야 하기 때문이죠. 게다가 거짓말이 드러났을 때 수습을 위해 써야 하는 에너지는 상상을 초월합니다. 'Keep your tongues from evil and your lips from speaking lies(네 혀를 악에서 멀리하며 입술을 거짓에서 금하라).'는 말씀은 인생을 위한 아주 '경제적' 선택이 됩니다. 정직honesty으로 힘을 아낀 자는 편안한 여생을 누릴 수 있고, 거짓말lie로 힘을 낭비한 자는 거짓으로 얻은 것까지 다 잃어버리게 됩니다. 당연한 말이지만 God is wiser than liars. 하나님은 거짓말쟁이보다 훨씬 지혜로우시니까요.

Come, my children, listen to me; I will teach you the fear of the LORD. Whoever of you loves life and desires to see many good days, keep your tongue from evil and your lips from speaking lies. Turn from evil and do good; seek peace and pursue it.

Psalms 34:11-14

너희 자녀들아 와서 내 말을 들으라 내가 여호와를 경외하는 법을 너희에게 가르치리로다 생명을 사모하고 연수를 사랑하여 복 받기를 원하는 사람이 누구뇨 네 혀를 악에서 금하며 네 입술을 거짓말에서 금할지어다 악을 버리고 선을 행하며 화평을 찾아 따를지어다

시편 34:11-14

🌿 말씀 새기기 *Carving Words*

Keep your tongue. 네 혀를 지켜라.
Keep your tongue from evil. 네 혀를 악에서 금하라.
Keep your tongue from evil and your lips from speaking lies.
네 혀를 악에서 금하며 네 입술을 거짓말에서 금하라.

분노는 악으로 인도한다

Refrain from anger and turn from wrath;
do not fret.

분을 그치고 노를 버리며 불평하지 말라

시편 37:8

영화 속의 람보는 자주 분노합니다. 그러고는 악인들을 향해 기관총을 난사합니다. 람보는 최후의 승자가 됩니다. 화가 날 때 우리는 모두 람보가 됩니다. 전후좌우 보지 않고 마구 총을 난사하며 자신이 성전聖戰을 행하는 용사가 된 것 같은 느낌에 사로잡힙니다. 그런데 현실은 영화처럼 끝나지 않았습니다. 무분별하게 쏜 총알은 아군마저 무수히 죽이고, 결국 사태는 "흥분해서 죄송해요" 하는 굴욕적 사과로 종결됩니다. Wrath is not for men. 분노는 사람의 것이 아닙니다. 분노 wrath, 화anger, 그리고 초조함fret은 판단력을 상실케 하고, 사랑하는 사람들을 상처받게 하며, 필요 없는 적들을 만들어 냅니다. 무엇보다도 분노는 나에게 습관으로 자리 잡아 우리 안에 거하는 악resident evil이 됩니다. It leads only to evil. 분노는 악으로 인도할 뿐인 것이죠. 화나십니까? 오늘도 주님을 바라봅시다.

Be still before the LORD and wait patiently for him; do not fret when men succeed in their ways, when they carry out their wicked schemes. Refrain from anger and turn from wrath; do not fret – it leads only to evil.

Psalms 37:7-8

여호와 앞에 잠잠하고 참고 기다리라 자기 길이 형통하며 악한 꾀를 이루는 자 때문에 불평하지 말지어다 분을 그치고 노를 버리며 불평하지 말라 오히려 악을 만들 뿐이라

시편 37:7-8

🍃 말씀 새기기 Carving Words

Refrain. 그쳐라.

Refrain from anger. 분을 그쳐라.

Refrain from anger and turn from wrath. 분을 그치고 노를 버려라.

시련은 있지만 실패는 없는 크리스천

Though he stumble, he will not fall.

그는 넘어지나 아주 엎드러지지 아니함은
시편 37:24

일상 회화에서는 stumble and fall은 '넘어지고 엎어지고'의 형식으로 잘 쓰이는 표현입니다. 그런데 stumble과 fall은 자세히 뜯어보면 조금 다른 의미입니다. 'stumble'은 장애물에 의해 걸어가던 사람의 균형이 깨져 넘어지고 있는 상태를 말하고, 'fall'은 넘어지기 시작해서 땅에 닿는 것까지를 의미합니다. stumble이 '시련'이라면 fall은 '실패'가 되지요. stumble이지만 fall은 아니라는 것은 '시련은 있으나 실패는 없다'는 뜻입니다. 그것은 인간의 능력으로 되는 것이 아니라 with God's help, 하나님의 도움으로만 된다고 시편은 우리에게 말씀하고 있습니다. 계몽주의 시대 이후로 우리는 인간의 '이성과 능력'으로 뭐든지 할 수 있다는 선전에 날마다 노출되어 있습니다. 그러나 첨단 기술 속에 살아가는 우리는 얼마나 행복한가요? 여전히 하나님의 손이 붙들어 주시지 않으면 우리는 에덴에서 쫓겨난 태초의 아담과 다름없는 불안의 나날을 삽니다. 하나님을 바라봅시다.

If the LORD delights in a man's way, he makes his steps firm; though he stumble, he will not fall, for the LORD upholds him with his hand. I was young and now I am old, yet I have never seen the righteous forsaken or their children begging bread.

Psalms 37:23-26

여호와께서 사람의 걸음을 정하시고 그의 길을 기뻐하시나니 그는 넘어지나 아주 엎드러지지 아니함은 여호와께서 그의 손으로 붙드심이로다 내가 어려서부터 늙기까지 의인이 버림을 당하거나 그의 자손이 걸식함을 보지 못하였도다 그는 종일토록 은혜를 베풀고 꾸어 주니 그의 자손이 복을 받는도다

시편 37:23-26

🌿 말씀 새기기 *Carving Words*

He stumbles. 그가 넘어진다. (직설법)

Though he stumble, 비록 그가 넘어질지라도.

Though he stumble, he will not fall.

그가 넘어지나 아주 엎드러지지 아니할 것이다.

환난 중에 만날 큰 도움

God is our refuge and strength,
an ever-present help in trouble.

하나님은 우리의 피난처시요 힘이시니
환난 중에 만날 큰 도움이시라
시편 46:1

4년 전 수업시간에 전화가 걸려 왔습니다. 건강검진을 받았는데 종양이 악성이라는 간호사의 말이었습니다. 남은 수업 두 개를 하는 동안 머릿속은 하얗게 변해 있었지만 학생 상담까지 태연하게 마쳤습니다. 오후 4시가 되어서야 의사와 면담을 하러 갔습니다. 그런데 택시 안에서 희한하게도 햇살이 아름답게 비쳐오며 살아온 인생이 주마등처럼 지나가는 것을 느꼈습니다. 대장암 선고를 받으러 가는 나에게 주님은 뜬금없게도 '넌 참 잘 살아왔다. 내가 너를 기뻐하노라' 하는 말씀을 빛 가운데 주시는 것을 느꼈습니다. 인간이 인생에서 암 덩어리와의 조우하는 일 만큼이나 큰 환난도 없을 듯합니다. 하지만 그것을 최초로 맞닥뜨리는 그 시간에 주님은 제 인생에 전무후무한 위로와 칭찬을 주셨습니다. 하나님이 우리의 피난처시고, 힘이시고, 환난 중에 만날 큰 도움이 되셨던 순간입니다.

God is our refuge and strength, an ever–present help in trouble. Therefore we will not fear, though the earth give way and the mountains fall into the heart of the sea, though its waters roar and foam and the mountains quake with their surging, Selah

Psalms 46:1–3

하나님은 우리의 피난처시요 힘이시니 환난 중에 만날 큰 도움이시라 그러므로 땅이 변하든지 산이 흔들려 바다 가운데에 빠지든지 바닷물이 솟아나고 뛰놀든지 그것이 넘침으로 산이 흔들릴지라도 우리는 두려워하지 아니하리로다(셀라)

시편 46:1–3

🌿 말씀 새기기 *Carving Words*

God is our refuge. 하나님은 우리의 피난처시다.

God is our refuge and strength. 하나님은 우리의 피난처시요 힘이시다.

God is our refuge and strength, an ever-present help in trouble.

하나님은 우리의 피난처시요 힘이시니 환난 중에 만날 큰 도움이시다.

상한 심령을 꼭 보듬어주신다

The sacrifices of God are a broken spirit.

하나님께서 구하시는 제사는 상한 심령이라
시편 51:17

딸들이 사춘기를 겪을 때 말을 잘 듣지 않거나 반항하면 힘들지 않냐
는 질문을 받은 적이 있습니다. 아이들이 나를 가장 힘들게 하는 때는
내 말에 순종하지 않을 때도, 나에게 대들 때도, 언성을 높일 때도 아
니었습니다. 그것은 아이들이 문을 닫고 제 방에 들어가 아무 말도 하
지 않을 때입니다. 나를 보아도 얼굴을 마주치지 않을 때입니다. 아파
도 울지 않는 갓난아기가 있다고 생각해 보십시오. 소름 끼치지 않습
니까? 이런 갑갑한 긴장을 터뜨리는 것은 아이들이 상한 심령broken
heart을 나에게 눈물로 드러낼 때입니다. 그곳에는 통회하는 마음
contrite heart이 있고, 이해understanding가 있고 화해reconciliation가 있습
니다. 마음이 아플 때, 어찌할 바를 모를 때, 고통이 충만할 때 하나님
은 우리를 모른 척하지 않으십니다God will not despise us. 우리의 상한 심
령broken heart을 꼭 보듬어 주십니다.

The sacrifices of God are broken spirit; a broken and contrite heart, O God, you will not despise. In your good pleasure make Zion prosper; build up the walls of Jerusalem. Then there will be righteous sacrifices, whole burnt offerings to delight you; then bulls will be offered on your altar.

Psalms 51:17-19

하나님께서 구하시는 제사는 상한 심령이라 하나님이여 상하고 통회하는 마음을 주께서 멸시하지 아니하시리이다 주의 은택으로 시온에 선을 행하시고 예루살렘 성을 쌓으소서 그때에 주께서 의로운 제사와 번제와 온전한 번제를 기뻐하시리니 그때에 그들이 수소를 주의 제단에 드리리이다

시편 51:17-19

🌿 말씀 새기기 *Carving Words*

the sacrifices of God 하나님께서 구하시는 제사
a broken spirit 상한 심령
The sacrifices of God are a broken spirit.
하나님께서 구하시는 제사는 상한 심령이다.

영적 전쟁에서 승리를 구하는 기도

With God we will gain the victory.

우리가 하나님을 의지하고 용감하게 행하리니
시편 60:12

저는 기도할 때마다 '영적 전쟁에 승리하게' 해 달라고 자주 말하곤 합니다. 언젠가 제가 속한 교회 소그룹의 어느 신혼부부가 저에게 "왜 그렇게 기도가 전투적이세요?" 하고 웃으며 물어보더군요. '허허, 그런가?' 하면서 잠깐 생각해봤습니다. 이유는 간단했습니다. 내가 매일 읽는 것은 성경이요. 성경은 전쟁의 이야기로 가득하기 때문입니다. 평화와 경제적 번영의 시대를 살아가는 우리에게 전쟁과 승리의 이야기the stories of wars and victories가 무슨 의미일까요? 아마도 우리의 싸움은 국경 너머의 적들과의 싸움the enemies beyond the border line이기보다는 우리 안에 내재한 적과의 싸움the enemies within ourselves이기 때문일 것입니다. 이 싸움은 특정한 싸움터specific space of the battle도, 정해진 시간 specific time of the battle도 없는 전투입니다. 그래서 우리는 더더욱 실시간으로 하나님의 도우심이 필요합니다. With God, we will gain the victory. 오늘도 하나님과 함께 승리를 쟁취합시다.

Is it not you, O God, you who have rejected us and no longer go out with our armies? Give us aid against the enemy, for the help of man is worthless. With God we will gain the victory, and he will trample down our enemies.

Psalms 60:10-12

하나님이여 주께서 우리를 버리지 아니하셨나이까 하나님이여 주께서 우리 군대와 함께 나아가지 아니하시나이다 우리를 도와 대적을 치게 하소서 사람의 구원은 헛됨이니이다 우리가 하나님을 의지하고 용감하게 행하리니 그는 우리의 대적을 밟으실 이심이로다

시편 60:10-12

🌿 말씀 새기기 *Carving Words*

We gain the victory. 우리가 승리를 거둔다.

With God we gain the victory. 하나님과 함께 우리가 승리를 거둔다.

With God we will gain the victory.

하나님과 함께 우리가 승리를 거둘 것이다.

우주를 창조하신 분의 힘

Blessed are those whose strength is in you.

주께 힘을 얻는 자는 복이 있나이다

시편 84:5

'Blessed are/is 누구누구' 하는 말, 즉 '~는 복이 있다'는 성경에 정말 많이 나오는 표현입니다. 이 말씀이 성경에 그렇게 많이 나오는 이유는 뭘까요? 첫째는 우리가 정말 복 받기를 원하시기 때문일 것이고, 둘째는 우리가 이미 복을 받았다는 걸 깨닫게 하기 위해서일지도 모르지요. 오늘 본문의 복은 '자신의 힘을 하나님 안에서 찾는 자'의 복입니다. 팔팔한 젊은 시절을 조금이라도 비켜 지나간 사람은 다 압니다. 자신의 힘이라고 부를 수 있는 것을 오직 자기 안에서만 찾는 사람이 얼마나 곤고한지를요. '힘의 원천'이 사실 사람 안에는 없습니다. 육신이 힘의 원천을 외부에서 음식으로 들여오듯이, 우리의 영의 힘도 오직 외부에서 들어올 뿐입니다. 하나님을 우리의 자원으로 영접할 때 우리는 우주를 창조하신 분의 힘을 우리 안에 가지게 됩니다. 청년이라도 실족하고 소년이라도 넘어질 때 독수리의 날개 침 같은 힘을 얻게 되는 것이지요. 할렐루야!

Blessed are those whose strength is in you, who have set their hearts on pilgrimage. As they pass through the Valley of Baca, they make it a place of springs; the autumn rains also cover it with pools. They go from strength to strength, till each appears before God in Zion.

Psalms 84:5-7

주께 힘을 얻고 그 마음에 시온의 대로가 있는 자는 복이 있나이다 그들이 눈물 골짜기로 지나갈 때에 그곳에 많은 샘이 있을 것이며 이른 비가 복을 채워 주나이다 그들은 힘을 얻고 더 얻어 나아가 시온에서 하나님 앞에 각 기 나타나리이다

시편 84:5-7

🌿 말씀 새기기 *Carving Words*

Those are blessed. 그 사람들이 복이 있나이다.
Blessed are those. 그 사람들이 복이 있나이다.
Blessed are those whose strength is in you.
주께 힘을 얻는 자는 복이 있나이다.

하나님의 선물

*No good thing does he withhold from
those whose walk is blameless.*

정직하게 행하는 자에게 좋은 것을
아끼지 아니하실 것임이니이다
시편 84:11

제가 전에 일했던 한 방송 팀에서는 생일 때 서로를 꼭 챙겨주는 문화가 있었습니다. 살벌하기 그지없는 우리 방송 풍토로 볼 때는 참 보기 드문 좋은 모습이지요. 재미있는 점은 매번 생일을 맞은 사람에게 꼭 surprise party를 고집한다는 것과 꼭 그 당사자에게 우리의 계획이 들킨다는 것입니다. 뭐 그렇게 입단속을 하고 최후의 순간까지 시치미를 뚝 떼자고 합의를 해도 꼭 산통을 깨는 사람이 있기 마련입니다. 하지만 우리 모두 그 사람을 탓하지 않는 이유는 사랑하는 사람에게 좋은 것을 숨기기 to withhold good things from those whom you love가 참 쉽지 않기 때문입니다. 사랑하면 비밀을 지키기가 어렵습니다. 하나님께선 행함이 흠 없는 자 those whose walk is blameless에게 좋은 것을 숨기시지 못합니다. 흠 없이 행합시다. 하나님의 선물이 임박했습니다.

Better is one day in your courts than a thousand elsewhere; I would rather be a doorkeeper in the house of my God than dwell in the tents of the wicked. For the LORD God is a sun and shield; the LORD bestows favor and honor; no good thing does he withhold from those whose walk is blameless.

Psalms 84:10-11

주의 궁정에서의 한 날이 다른 곳에서의 천 날보다 나은즉 악인의 장막에 사는 것보다 내 하나님의 성전 문지기로 있는 것이 좋사오니 여호와 하나님 은 해요 방패이시라 여호와께서 은혜와 영화를 주시며 정직하게 행하는 자 에게 좋은 것을 아끼지 아니하실 것임이니이다

시편 84:10-11

🌿 말씀 새기기 *Carving Words*

He withholds no good thing. 그는 좋은 것을 아끼지 않으신다.
No good thing does he withhold. 그는 좋은 것을 아끼지 않으신다.
No good thing does he withhold from those whose walk is blameless.
그는 정직하게 행하는 자에게 좋은 것을 아끼지 않으신다.

내 안에 하나님 있다

*If you make the Most High your dwelling-even the LORD,
who is my refuge-then no harm will befall you.*

네가 말하기를 여호와는 나의 피난처시라 하고 지존자를
너의 거처로 삼았으므로 화가 네게 미치지 못하며

시편 91:9

'If you make the Most High your dwelling(네가 지존자를 너의 거처로 삼으면),'이라는 말에서 'dwell(거하다)'은 무슨 의미일까요? make God your dwelling, 하나님을 거처로 삼는다든지 dwell in God, 하나님 안에 거한다든지 하는 표현은 말하기 좋고 듣기에 좋지만 막상 정확한 의미를 질문 받으면 우리를 머뭇거리게 하는 표현이지요. 이 표현을 정확히 이해하게 하는 유행어가 있습니다. 바로 '내 안에 너 있다'가 그것입니다. 두 눈을 마주 보며 '내 안에 너 있다'라고 말하는 이유는 자명합니다. 정말 사랑한다는 뜻입니다. 'If you make God your dwelling,'은 그래서 '당신이 하나님을 너무 너무 사랑하면'이라는 뜻이 됩니다.

If you make the Most High your dwelling-even the LORD, who is my refuge-then no harm will befall you, no disaster will come near your tent. For he will command his angels concerning you to guard you in all your ways; they will lift you up in their hands, so that you will not strike your foot against a stone.

Psalms 91:9-12

네가 말하기를 여호와는 나의 피난처시라 하고 지존자를 너의 거처로 삼았으므로 화가 네게 미치지 못하며 재앙이 네 장막에 가까이 오지 못하리니 그가 너를 위하여 그의 천사들을 명령하사 네 모든 길에서 너를 지키게 하심이라 그들이 그들의 손으로 너를 붙들어 발이 돌에 부딪히지 아니하게 하리로다

시편 91:9-12

🌿 말씀 새기기 *Carving Words*

your dwelling 너의 거처
You make him your dwelling. 네가 그를 너의 거처로 삼는다.
You make the Most High your dwelling.
네가 지존자를 너의 거처로 삼는다.

세상을 살아가는 세 가지 방법

"Because he loves me," says the LORD,
"I will rescue him."

하나님이 이르시되 그가 나를 사랑한즉 내가 그를 건지리라
시편 91:14

많은 사람들이 인생에 대한 철학과 지혜를 이야기해도 가만히 보면 세상을 살아가는 방법은 세 가지밖에 없는 듯합니다. 하나는 도피evasion로 그냥 모든 것을 피해버리는 것이요, 또 하나는 관찰observation로 면밀히 관찰하고 분석하는 자세요, 나머지 하나는 직면confrontation으로, 용감하게 인격적으로 부딪치는 것입니다. 야구로 말하면 전자는 경기를 피하는 사람, 다음은 경기의 관객, 마지막은 타석에 들어선 타자, 즉 게임의 당사자가 되는 것이지요. 그런데 하나님은 우리가 그분을 직면confront 하시기를 원하십니다. "I love you, God(하나님 사랑합니다)." 이렇게 고백할 수 있는 사람은 하나님을 피하는 사람the evader of God도, 하나님을 연구하는 사람the observer of God도 아닌 하나님을 직면하는 사람the confronter of God이니까요. 자 불러볼까요? God, come by here today! 오늘 여기에 임하소서!

"Because he loves me," says the LORD, "I will rescue him; I will protect him, for he acknowledges my name. He will call upon me, and I will answer him; I will be with him in trouble, I will deliver him and honor him. With long life will I satisfy him and show him my salvation."

Psalms 91:14-16

하나님이 이르시되 그가 나를 사랑한즉 내가 그를 건지리라 그가 내 이름을 안즉 내가 그를 높이리라 그가 내게 간구하리니 내가 그에게 응답하리라 그들이 환난 당할 때에 내가 그와 함께 하여 그를 건지고 영화롭게 하리라 내가 그를 장수하게 함으로 그를 만족하게 하며 나의 구원을 그에게 보이리라 하시도다

시편 91:14-16

🍃 말씀 새기기 Carving Words

He loves me. 그가 나를 사랑한다.
Because he loves me, 그가 나를 사랑한즉,
Because he loves me, I will rescue him.
그가 나를 사랑한즉 내가 그를 건지리라.

성경은 가장 권위 있는 교과서

How can a young man keep his way pure?
By living according to your word.

청년이 무엇으로 그의 행실을 깨끗하게 하리이까
주의 말씀만 지킬 따름이니이다

시편 119:9

딸이 고3이었을 때 자기 선배들의 말이라면 귀를 쫑긋 세웠습니다. 대입에 성공했기에 '권위'가 있는 것이지요. 하지만 사실 입시와 관련해 '권위' 있는 걸로 치면 입시 전문가들을 따라갈 수가 없을 것입니다. 우리의 청년들에게는 이렇게 대입에 관해, 혹은 축구에 관해, 아니면 사업에 관해 참조할 '권위' 있는 조언들이 많이 있습니다. 그런데 이렇게 일부분이 아니라 정작 '인생 전체'에 관해서 '이대로만 하면 된다!'고 할 수 있는 권위 있는 교과서가 있습니다. 바로 성경입니다. '하나님의 권위'에서 나오는 진리의 말씀이기 때문이죠. How can a young man keep his way pure? 청년이 어떻게 자기의 길을 순결하게 하겠습니까? By living according to your word. 당신의 말씀을 따라 사는 것입니다.

How can a young man keep his way pure? By living according to your word. I seek you with all my heart; do not let me stray from your commands. I have hidden your word in my heart that I might not sin against you. Praise be to you. O LORD; teach me your decrees.

Psalms 119:9-12

청년이 무엇으로 그의 행실을 깨끗하게 하리이까 주의 말씀만 지킬 따름이니이다 내가 전심으로 주를 찾았사오니 주의 계명에서 떠나지 말게 하소서 내가 주께 범죄하지 아니하려 하여 주의 말씀을 내 마음에 두었나이다 찬송을 받으실 주 여호와여 주의 율례들을 내게 가르치소서

시편 119:9-12

🌿 말씀 새기기 *Carving Words*

A young man keep his way pure. 청년이 그의 행실을 깨끗하게 한다.

Can a young man keep his way pure?
청년이 그의 행실을 깨끗하게 할 수 있습니까?

How can a young man keep his way pure?
청년이 무엇으로 그의 행실을 깨끗하게 하리이까?

인생의 운전대를 맡기면 안전하다

Your word is a lamp to my feet
and a light for my path.

주의 말씀은 내 발에 등이요 내 길에 빛이니이다
시편 119:105

힘든 인생길에 엄청 위로되는 말씀입니다. 그런데 발, 등, 길, 빛 같은 명사들이 한꺼번에 나와서 내 등에 발인지, 내 발에 빛인지, 내 길에 등인지가 은근히 헷갈리는 말씀이기도 하지요. 이렇듯 우리나라 사람들이 영어를 배우면서 평생 헷갈리고 적응이 안 되는 게 바로 관사입니다. 관사에 관해서는 하나만 명심해 두면 다른 것들은 술술 풀립니다. 관사에는 부정관사 a(an)와 정관사 the가 있지요. 관사는 명사를 위한, 명사에 의한, 명사의 수식어로, 명사를 꾸며주는 일을 하고 명사 앞에만 온다는 것을 잊지 마세요.

영어 얘기만 했군요 허허. 내 차의 엔진이 1000마력을 가졌다고 해도 운전대가 없으면 시한폭탄일 테지요. 사람이 아무리 똑똑하고 기운차다고 해도 주님께서 그의 운전대를 잡아 주시지 않으면 그 사람 역시 위험물 이상이 아닐 것입니다. 주의 말씀이 내 길의 빛이라는 말씀입니다.

I gain understanding from your precepts; therefore I hate every wrong path. Your word is a lamp to my feet and a light for my path. I have taken an oath and confirmed it, that I will follow your righteous law. I have taken an oath and confirmed it, that I will follow your righteous laws.

Psalms 119:104-106

주의 법도들로 말미암아 내가 명철하게 되었으므로 모든 거짓 행위를 미워하나이다 주의 말씀은 내 발의 등이요 내 길에 빛이니이다 주의 의로운 규례들을 지키기로 맹세하고 굳게 정하였나이다

시편 119:104-106

🌿 말씀 새기기 *Carving Words*

a lamp to my feet 내발에 등

a lamp to my feet and a light for my path 내 발에 등이요 내 길에 빛

Your word is a lamp to my feet and a light for my path.

주의 말씀은 내 발에 등이요 내 길에 빛이니이다.

눈물이 많을수록 기쁨도 커진다

He who goes out weeping, carrying seed to sow,
will return with songs of joy,
carrying sheaves with him.

울며 씨를 뿌리러 나가는 자는 반드시 기쁨으로
그 곡식 단을 가지고 돌아오리로다

시편 126:6

위의 말씀을 좀 시시하게 정리하면 '고생 끝에 낙이 온다'가 됩니다. 그런데 왜 단을 가지고 오기 위해, 게다가 기쁨으로 돌아오기 위해 꼭 '울며' 나가야 하나요? 뿌릴 씨를 가지고 나가는 것carrying seed to sow도 그냥 편안하게 하면 안 되나요? 그러니까 왜 꼭 씨 뿌리는 과정에 '고생'을 하게 만드셨냐 하는 말이죠. 아랍 속담에 이런 말이 있습니다. 'If it's sun, sun, and sun it's called a desert(늘 햇빛만 비치는 곳은 사막이 된다).' '눈물 젖은 빵'이 '일용할 양식'에 감동하는 길이 되고 '건축자의 버린 돌'이 '모퉁이 돌'이 되는 기적을 알아보게 하지요. 감히 제안합니다. 더 많이 울며weeping 씨를 뿌립시다. 더 깊은 기쁨의 노래songs of joy를 하나님께서 준비하고 계십니다.

The LORD has done great things for us, and we are filled with joy. Restore our fortunes, O LORD, like streams in the Negev. Those who sow in tears will reap with songs of joy. He who goes out weeping, carrying seed to sow, will return with songs of joy, carrying sheaves with him.

Psalms 126:3-6

여호와께서 우리를 위하여 큰일을 행하셨으니 우리는 기쁘도다 여호와여 우리의 포로를 남방 시내들 같이 돌려보내소서 눈물을 흘리며 씨를 뿌리는 자는 기쁨으로 거두리로다 울며 씨를 뿌리러 나가는 자는 반드시 기쁨으로 그 곡식 단을 가지고 돌아오리로다

시편 126:3-6

🍃 말씀 새기기 *Carving Words*

He will return. 그는 돌아올 것이다.
He will return with songs of joy. 그는 기쁨의 노래를 부르며 돌아올 것이다.
He will return with songs of joy, carrying sheaves with him.
그는 기쁨의 노래를 부르며 곡식 단을 가지고 돌아올 것이다.

지혜는 태도다

Trust in the LORD with all your heart
and lean not on your own understanding.

너는 마음을 다하여 여호와를 신뢰하고 네 명철을 의지하지 말라

잠언 3:5

사람이 자신의 명철 our own understanding로 삼는 대표적인 게 과학지식일 것입니다. 세상이 그토록 숭앙하는 과학지식도 몇백 년을 주기로 그 근간이 뒤집어집니다. 고전물리학이 상대성이론의 등장으로 완전히 뒤집어진 것이 그 예입니다. 이런 예들은 우리에게 '과학은 믿는 것이 아니라 그저 참고의 대상'이라는 가르침을 줍니다. 인간의 지혜는 영원할 수 없습니다. 하나님의 경륜은 억겁을 넘는데 인간의 인생은 그저 100년도 못 갑니다. 찰나의 경험에서 영원을 구한다고 하니 그 지혜가 얼마나 덧없고 제한적일까요. 우리는 하나님을 온 맘 다해 신뢰해야 합니다. 하나님에 향한 신뢰가 곧 우리 자신의 지혜에 대한 한계를 고백하는 것이고 한계에 대한 겸손한 태도가 머리 조아림이 됩니다. 진정한 지식은 지혜가 기반 되어야 하고 지혜는 '태도'이니까요.

Trust in the LORD with all your heart and lean not on your own understanding; in all your ways acknowledge him, and he will make your paths straight. Do not be wise in your own eyes; fear the LORD and shun evil. This will bring health to your body and nourishment to your bones.

Proverbs 3:5-8

너는 마음을 다하여 여호와를 신뢰하고 네 명철을 의지하지 말라 너는 범사에 그를 인정하라 그리하면 네 길을 지도하시리라 스스로 지혜롭게 여기지 말지어다 여호와를 경외하며 악을 떠날지어다 이것이 네 몸에 양약이 되어 네 골수를 윤택하게 하리라

잠언 3:5-8

🌿 말씀 새기기 *Carving Words*

Trust. 너는 의뢰하라.

Trust in the LORD. 너는 여호와를 의뢰하라.

Trust in the LORD with all your heart.

너는 마음을 다하여 여호와를 의뢰하라.

차분하게 복 있는 사람처럼

Do not envy a violent man or
choose any of his ways.

포학한 자를 부러워하지 말며 그의 어떤 행위도 따르지 말라
잠언 3:31

폭력violence을 좋아하는 사람은 없지만 포학한 자violent man는 사람들의 묘한 부러움을 삽니다. 막말을 내뱉는 사람이 용감해 보이고 조직 폭력배는 영화에서 멋지게 묘사됩니다. 우리는 차근차근 길을 가지만 그들은 거침없이 가기 때문입니다. 그들은 왜 차근차근 가지 않을까요? 마음이 급하기 때문입니다. 왜 마음이 급할까요? 삶이 짧기 때문이지요. 온유한 사람들의 삶도 짧기는 마찬가지 아니냐고요? 예수님을 모르는 그들에게는 삶 이후의 삶, 즉 '영생'이 없기 때문입니다. 그러니까 이생에서 극단으로 갈 수밖에 없어요. 하지만 Do not envy a violent man or do not choose any of his way. 폭력을 행하는 자를 부러워 말고 그의 어떤 행위도 따르지 말라고 성경이 우리에게 말하는 이유는 우리가 잠깐 살다 영원히 없어져 버릴 존재가 아니기 때문입니다. Calmly, let us walk the way of the blessed! 차분하게 복 있는 사람의 길을 걸어갑시다!

Do not say to your neighbor, "Come back later; I'll give it tomorrow"– when you now have it with you. Do not plot harm against your neighbor, who lives trustfully near you. Do not accuse a man for no reason–when he has done you no harm. Do not envy a violent man or choose any of his ways.

Proverbs 3:28-31

네게 있거든 이웃에게 이르기를 갔다가 다시 오라 내일 주겠노라 하지 말며 네 이웃이 네 곁에서 평안히 살거든 그를 해하려고 꾀하지 말며 사람이 네게 악을 행하지 아니하였거든 까닭 없이 더불어 다투지 말며 포학한 자를 부러워하지 말며 그의 어떤 행위도 따르지 말라

잠언 3:28-31

🌿 말씀 새기기 *Carving Words*

Do not envy. 부러워하지 말라.

Do not envy a violent man. 포악한 자를 부러워하지 말라.

Do not envy a violent man or choose any of his ways.

포악한 자를 부러워하지 말며 그의 어떤 행위도 따르지 말라.

멸시와 질시는 같은 감정이다

*The path of the righteous is like the first gleam of dawn,
shining ever brighter till the full light of day.*

의인의 길은 돋는 햇살 같아서
크게 빛나 한낮의 광명에 이르거니와

잠언 4:18

없는 자를 멸시하지 말며, 있는 자를 질시하지 말라고 요약할 수 있는
말씀입니다. 두 행동은 동전의 앞뒤 면과 같습니다. 내가 못났다고 멸
시하는 사람 때문에 보란 듯이 잘 사는 걸 보여 주려고 미친 듯이 일
해서 내가 잘되고 나면, 나를 멸시하던 그 사람은 나를 존경하는 것이
아니라 나를 질시합니다. 멸시와 질시는 같은 것입니다. 자기 자신만을
사랑하는 사람들의 마음에 늘 나타나는 현상입니다. 정반대로 생각하
면 이렇게 됩니다. 자신보다 못하다고 무시하지 않으면 그들이 잘되었
을 때도 우리는 축복하고 인정하는 인격자들이 됩니다. 오늘의 말씀,
복잡하게 여겨지지만 잘 생각하면 한 뿌리를 가지고 있는 말씀이지요.
세상 기준에 '잘나가고 못 나가는 상황으로 위아래를 나누어 보지 말
라'는 말입니다.

The path of the righteous is like the first gleam of dawn, shining ever brighter till the full light of day. But the way of the wicked is like deep darkness; they do not know what makes them stumble. My son, pay attention to what I say; listen closely to my words. Do not let them out of your sight, keep them within your heart;

Proverbs 4:18-21

의인의 길은 돋는 햇살 같아서 크게 빛나 한낮의 광명에 이르거니와 악인의 길은 어둠 같아서 그가 걸려 넘어져도 그것이 무엇인지 깨닫지 못하느니라 내 아들아 내 말에 주의하며 내가 말하는 것에 네 귀를 기울이라 그것을 네 눈에서 떠나게 하지 말며 네 마음 속에 지키라

잠언 4:18-21

🌿 말씀 새기기 *Carving Words*

the path of the righteous 의인의 길
the first gleam of dawn 돋는 햇살
The path of the righteous is like the first gleam of dawn.
의인의 길은 돋는 햇살 같다.

사람을 목적으로 삼는 곳으로 가기

Do not swerve to the right or the left;
keep your foot from evil.

좌로나 우로나 치우치지 말고 네 발을 악에서 떠나게 하라
잠언 4:27

어떤 사람은 오른쪽을 주장하고 어떤 사람은 왼쪽을 주장합니다. 어떤 신문은 오른쪽으로 가고 어떤 방송은 왼쪽으로만 가려고 합니다. 우리는 평화를 사랑하지만 세상은 우리에게 오른쪽이냐 혹은 왼쪽이냐 하면서 선택을 강요합니다. 하지만 성경은 우리에게 "Do not swerve to the right or to the left(swerve는 '정도를 벗어난다'는 뜻입니다)." 하고 말합니다. 그럼 또 의문이 생깁니다. '정도를 벗어난다'는 추상적인 말이 도대체 무슨 뜻이냐고요. '사람을 수단으로 삼는 것'이라는 뜻입니다. 아무리 홀딱 반할 만한 이상理想을 보여준대도 아무리 철학자도 울고 갈 논리로 설득한대도, 사람이 'purpose(목적)'가 아니라 'mean(수단)'으로 전락하는 것은 swerve(벗어나다), 그러니까 '정도를 벗어나는' 것입니다. 오늘도 좌로 갈까 우로 갈까를 고민하고 계신가요? '사람을 목적으로 삼는 곳'을 따라 가십시오. 그 길이 '하나님의 길'입니다.

Put away perversity from your mouth; keep corrupt talk far from your lips. Let your eyes look straight ahead, fix your gaze directly before you. Make level paths for your feet and take only ways that are firm. Do not swerve to the right or the left; keep your foot from evil.

Proverbs 4:24-27

구부러진 말을 네 입에서 버리며 비뚤어진 말을 네 입술에서 멀리 하라 네 눈은 바로 보며 네 눈꺼풀은 네 앞을 곧게 살펴 네 발이 행할 길을 평탄하게 하며 네 모든 길을 든든히 하라 좌로나 우로나 치우치지 말고 네 발을 악에서 떠나게 하라

잠언 4:24-27

🌿 말씀 새기기 *Carving Words*

Do not swerve. 치우치지 말라.
Do not swerve to the right. 우로 치우치지 말라.
Do not swerve to the right or the left. 좌로나 우로나 치우치지 말라.

깨어 기도하고 물들지 않게 조심하기

To fear the LORD is to hate evil.

여호와를 경외하는 것은 악을 미워하는 것이라
잠언 8:13

예전에 살던 동네에서 학부모끼리의 '정보 교환' 모임에 나갔던 아내가
진저리를 치는 일이 있었습니다. 모임에 나온 학부모 중에 한 엄마가
어찌나 자식 자랑을 쉬지 않고 해대는지, 어찌나 다른 사람의 자식을
깎아내리는지, 상관도 없는 자기 집안 돈 자랑을 그치지 않아 완전히
질려버렸다는 것입니다. 저의 간단한 동의와 함께 아내는 그를 다시는
마주치지 않았습니다. 하나님을 위해 악인들에게도 다가가야 하지만
나를 영적으로 다운시키는 상대라면 상대하지 않는 것이 상책인 때가
있습니다. 'To fear the Lord is to hate evil(하나님을 두려워하는 것은
악을 미워하는 것이라).' '미워하는 것'이 물론 사람이어서는 안 되지만 물
드는 것이 염려될 땐 일단 피하는 것도 좋은 방법이지요. 'I hate pride
and arrogance, evil behavior and preserve speech(나는 자랑, 거
만, 악한 행실과 비뚤어진 입을 미워한다).' 그 사람이 하는 말만 들어도 기
분이 나빠지는 사람이 있나요? 그들을 위해 기도하며 물들지 않게 조
심해야 하겠습니다.

To fear the LORD is to hate evil; I hate pride and arrogance, evil behavior and perverse speech. Counsel and sound judgment are mine; I have understanding and power. By me kings reign and rulers make laws that are just;; by me princes govern, and all nobles who rule on earth.

Proverbs 8:13-16

여호와를 경외하는 것은 악을 미워하는 것이라 나는 교만과 거만과 악한 행실과 패역한 입을 미워하느니라 내게는 계략과 참 지식이 있으며 나는 명철이라 내게 능력이 있으므로 나로 말미암아 왕들이 치리하며 방백들이 공의를 세우며 나로 말미암아 재상과 존귀한 자 곧 모든 의로운 재판관들이 다스리느니라

잠언 8:13-16

🌿 말씀 새기기 *Carving Words*

to fear the LORD 여호와를 경외하는 것
to hate evil 악을 미워하는 것
To fear the LORD is to hate evil.
여호와를 경외하는 것은 악을 미워하는 것이다.

하나님을 만나는 능력

I love those who love me,
and those who seek me find me.

나를 사랑하는 자들이 나의 사랑을 입으며
나를 간절히 찾는 자가 나를 만날 것이니라

잠언 8:17

Neuro-theology(신경신학)라는 학문을 연구하는 과학자들에 따르면 사람은 하나님을 묵상하고 찾을 때 뇌의 아주 특별한 부분이 활성화된다고 합니다. 이 부분은 음악으로도, 미술로도, 그리고 그 어떤 인간 활동으로도 활성화되지 않던 곳이라지요. 이렇게 과학도 우리에게 하나님을 '만나는' 특정한 능력이 있음을 증명하고 있습니다. 하나님과 우리의 관계는 상호적이라 서로가 자신의 문을 열었을 때만 그 '교통'이 성립됩니다. 하나님은 당신 자신의 문을 이미 열어 놓으셨다고 말씀하시네요. "Those who seek me find me(나를 찾는 자는 나를 찾을 것이다)." 그리고 "Those who love me I love(나를 사랑하는 자를 내가 사랑할 것이다)."라고요. 에덴동산에서 아담을 창조하실 때부터 하나님은 '사랑'이 상호적이며 한쪽의 일방적인 바람이나 의지로 성립되지 않는 것으로 만드셨나 봅니다.

I love those who love me, and those who seek me find me. With me are riches and honor, enduring wealth and prosperity. My fruit is better than fine gold; what I yield surpasses choice silver. I walk in the way of righteousness, along the paths of justice, bestowing wealth on those who love me and making their treasuries full.

Proverbs 8:17-21

나를 사랑하는 자들이 나의 사랑을 입으며 나를 간절히 찾는 자가 나를 만날 것이니라 부귀가 내게 있고 장구한 재물과 공의도 그러하니라 내 열매는 금이나 정금보다 나으며 내 소득은 순은보다 나으니라 나는 정의로운 길로 행하며 공의로운 길 가운데로 다니나니 이는 나를 사랑하는 자가 재물을 얻어서 그 곳간에 채우게 하려 함이니라

잠언 8:17-21

🌿 말씀 새기기 *Carving Words*

I love. 나는 사랑한다.
I love those who love me. 나를 사랑하는 자들이 나의 사랑을 입는다.
I love those who love me, and those who seek me find me.
나를 사랑하는 자들이 나의 사랑을 입으며 나를 간절히 찾는 자가 나를 만날 것이다.

화평을 의도하는 말

There is deceit in the hearts of those who plot evil,
but joy for those who promote peace.

악을 꾀하는 자의 마음에는 속임이 있고
화평을 의논하는 자는 희락이 있느니라
잠언 12:20

모든 말에는 '동기'가 있습니다. "오늘 또 눈이 오네"라는 말에는 폭설에 대한 지겨움이 숨어 있습니다. "아이폰이 1억 대 팔렸대"라는 말은 감정이입이 없어 보이지만, 이 말을 애플 관계자가 하면 자랑스러워하는 말이 되고, 경쟁사 관계자가 하면 걱정으로 하는 말이 됩니다. 그렇습니다. 모든 말에는 '동기'가 있습니다. 그리고 그 목적을 잘 살펴보면 그것이 악을 꾀하든지plot evil, 화평을 의도하든지promote peace 양 갈래로 갈라짐을 알 수 있습니다. "저 친구, 주는 것 없이 얄밉네"라는 말은 결코 promote peace 할 것 같지 않습니다. 반대로 "많이 보고 싶었어"라는 말은 결코 plot evil 하는 표현이 아니겠지요. 우리 입으로 하는 말, 우리의 마음속에 있는 말을 할 때 우리에게 기쁨joy이 있을 것입니다.

Truthful lips endure forever, but a lying tongue lasts only a moment. There is deceit in the hearts of those who plot evil, but joy for those who promote peace. No harm befalls the righteous, but the wicked have their fill of trouble. The LORD detests lying lips, but he delights in men who are truthful.

Proverbs 12:19-22

진실한 입술은 영원히 보존되거니와 거짓 혀는 잠시 동안만 있을 뿐이니라 악을 꾀하는 자의 마음에는 속임이 있고 화평을 의논하는 자에게는 희락이 있느니라 의인에게는 어떤 재앙도 임하지 아니하려니와 악인에게는 앙화가 가득하리라 거짓 입술은 여호와께 미움을 받아도 진실하게 행하는 자는 그의 기뻐하심을 받느니라

잠언 12:19-22

🌿 말씀 새기기 *Carving Words*

There is deceit. 속임이 있다.

There is deceit in the hearts. 마음에는 속임이 있다.

There is deceit in the hearts of those who plot evil.
악을 꾀하는 자의 마음에는 속임이 있다.

지혜로운 자와 동행하기

He who walks with the wise grows wise,
but a companion of fools suffers harm.

지혜로운 자와 동행하면 지혜를 얻고
미련한 자와 사귀면 해를 받느니라
잠언 13:20

하루는 큰딸이 저에게 하소연을 했습니다. "아빠, 왜 이렇게 부정적인 생각을 떨쳐버리지 못하는지 모르겠어. 안 그러려고 해도 자꾸 그렇게 돼." 그래서 제가 그랬죠. "하루 종일 너에게 정보를 주고 있는 네 '친구'가 누군가 보렴. 그 친구들을 네가 대하는 시간을 계산해 봐. 그리고 네가 인생에 대해 '긍정적인 정보'를 받는 시간과 비교해 봐. 후자의 시간이 전자보다 길어질 때 넌 긍정적인 사람이 될 거야." 당신은 지금 누구와 사귀고 있습니까. 부정적인 소식을 남발하는 신문, 방송, 인터넷과만 사귀고 성경과는 하루에 눈빛 한 번도 주고받지 않으십니까? 그럼 당신은 '미련한 자와 사귀는 자 a companion of fools'가 됩니다. 반대로 말씀을 묵상하며 하루를 보내십니까? 당신이 바로 '지혜로운 자와 동행하는 자 he who walks with the wise'입니다.

He who ignores discipline comes to poverty and shame, but whoever heeds correction is honored. A longing fulfilled is sweet to the soul, but fools detest turning from evil. He who walks with the wise grows wise, but a companion of fools suffers harm.

Proverbs 13:18-20

훈계를 저버리는 자에게는 궁핍과 수욕이 이르거니와 경계를 받는 자는 존영을 받느니라 소원을 성취하면 마음에 달아도 미련한 자는 악에서 떠나기를 싫어하느니라 지혜로운 자와 동행하면 지혜를 얻고 미련한 자와 사귀면 해를 받느니라

잠언 13:18-20

🦋 말씀 새기기 *Carving Words*

he who walks 걷는 자
he who walks with the wise 지혜로운 자와 동행하는 자
He who walks with the wise grows wise.
지혜로운 자와 동행하는 자는 지혜를 얻는다.

하나님을 웃게 하려면 계획을 말씀 드리기

In his heart a man plans his course,
but the LORD determines his steps.

사람이 마음으로 자기의 길을 계획할지라도
그의 걸음을 인도하시는 이는 여호와시니라
잠언 16:9

기원에서 살다시피 하는 저의 지인에게서 들은 이야기입니다. 바둑은 가로세로 19줄씩인 바둑판 위에서 두 사람이 돌을 번갈아 놓으면서 하는 게임이지요. 바둑의 역사 4000여 년 동안 지금까지 한 번도 다 두고 난 바둑판이 똑같은 모양을 하고 있었던 적이 없었을 거라고 하더군요. 바둑을 두는 사람이 두 명이니 변수는 둘뿐이지만, 아무리 이 창호 9단이라고 해도 정확히 게임이 어떻게 굴러갈지는 절대 예측할 수 없다나요. '하나님을 웃게 만들려면 당신의 계획을 하나님께 말씀 드리라'는 말이 있습니다. 바둑판도 예측 못하는 사람이 무한변수의 세상일을 어찌 알고 계획을 하냐는 말씀입니다. 'In his heart a man plans his course(사람이 자기 마음에 (아무리) 계획을 짜 놓아도), but the Lord determines his steps(그 길을 '확정'하시는 이는 하나님이라)!' 계획도 좋지만 하나님께 의지합시다.

When a man's ways are pleasing to the LORD, he makes even his enemies live at peace with him. Better a little with righteousness than much gain with injustice. In his heart a man plans his course, but the LORD determines his steps.

Proverbs 16:7-9

사람의 행위가 여호와를 기쁘시게 하면 그 사람의 원수라도 그와 더불어 화목하게 하시느니라 적은 소득이 공의를 겸하면 많은 소득이 불의를 겸한 것보다 나으니라 사람이 마음으로 자기의 길을 계획할지라도 그의 걸음을 인도하시는 이는 여호와시니라

잠언 16:7-9

🍃 말씀 새기기 *Carving Words*

A man plans. 사람이 계획한다.

A man plans his course. 사람이 자기의 길을 계획한다.

In his heart a man plans his course.

사람이 마음으로 자기의 길을 계획한다.

화를 다스리는 힘

Better a patient man than a warrior.

노하기를 더디하는 자는 용사보다 낫고

잠언 16:32

이 말씀과 관련된 고백 한마디. 저는 제 인생에 '아까운' 친구를 세 명 잃어버렸습니다. 성격이 좋고, 재능이 출중하고 마음이 통하는 친구들이었죠. 어떻게 그랬냐고요? 들어 보세요. 제 인생에 친구에게 정색을 하고 화를 낸 것이 딱 세 번 있습니다. 네, 친구에게 화내다가 그렇게 된 것입니다. 친구들 마음이 좁다고요? 아뇨, 제가 화를 참지 못하고 심한 말들을 내뱉었기 때문입니다. I was a warrior but not a patient man. 나는 용사였는지는 몰라도 참는 사람이 아니었습니다.

I may have taken cities but I couldn't control my temper. 나는 성城을 뺏는 능력이 있었지만 화를 다스리는 힘은 없었습니다. 친구들은 성보다도 훨씬 중요한 사람들이었습니다. 이제는 너무 늦었고 다시 볼 수 없을 것 같습니다. A patient man is far greater than a city-taker. 화를 다스리는 사람이 성을 뺏는 사람보다 훨씬 위대합니다.

Gray hair is a crown of splendor; it is attained by a righteous life. Better a patient man than a warrior, a man who controls his temper than one who takes a city. The lot is cast into the lap, but its every decision is from the LORD.

Proverbs 16:31-33

백발은 영화의 면류관이라 공의로운 길에서 얻으리라 노하기를 더디하는 자는 용사보다 낫고 자기의 마음을 다스리는 자는 성을 빼앗는 자보다 나으리라 제비는 사람이 뽑으나 모든 일을 작정하기는 여호와께 있느니라

잠언 16:31-33

🌿 말씀 새기기 *Carving Words*

A patient man is better. 참는 자가 낫다.

A patient man is better than a warrior. 참는 자는 용사보다 낫다.

Better (is) a patient man than a warrior.

노하기를 더디하는 자는 (참는 자는) 용사보다 낫다.

천국에서 아무 쓸모없는 것들

A man's steps are directed by the LORD.

사람의 걸음은 여호와로 말미암나니

잠언 20:24

우리는 두 개의 세계를 살아가는 것 같습니다. 눈에 보이는 세계, 그리고 눈에 보이지 않는 세계. 눈에 보이는 세계는 제로섬의 세계입니다. 누군가 차지하면 누군가는 잃게 됩니다. 누군가 이기면 누군가는 지는 곳이지요. 영의 세계는 제로섬이 없는 곳입니다. 모두가 1등을 할 수 있고 모두가 승자가 될 수 있는 곳입니다. 바로 그 세계가 '마음의 세계'입니다. 그곳을 다스리는 자는 눈에 보이는 세계를 제패한 사람보다 위대하다고 오늘 성경은 말합니다. '무릇 지킬 만한 것들 중에 마음을 지키라'는 말씀이 바로 그 세계의 중요성을 말하고 있는 것입니다. 마음의 세계가 중요한 것은 우리가 올 때는 육의 세계로 왔지만 갈 때는 영의 세계로 가서 영이신 하나님을 마주 대할 것이기 때문입니다. 놓고 갈 것을 아무리 얻은들 결국 우리가 살아갈 천국에선 아무 쓸모가 없으니까요. 그것이 바로 오늘 본문이 말하는 바입니다.

The LORD detests differing weights, and dishonest scales do not please him. A man's steps are directed by the LORD. How then can anyone understand his own way? It is a trap for a man to dedicate something rashly and only later to consider his vows.

Proverbs 20:23-25

한결같지 않은 저울추는 여호와께서 미워하시는 것이요 속이는 저울은 좋지 못한 것이니라 사람의 걸음은 여호와로 말미암나니 사람이 어찌 자기의 길을 알 수 있으랴 함부로 이 물건은 거룩하다 하여 서원하고 그 후에 살피면 그것이 그 사람에게 덫이 되느니라

잠언 20:23-25

❧ 말씀 새기기 *Carving Words*

a man's steps 사람의 발길
The LORD directs a man's steps. 여호와께서 사람의 발길을 명하신다.
A man's steps are directed by the LORD.
사람의 걸음은 여호와로 말미암는다.

한결같은 저울추

Do you see a man skilled in his work?
He will serve before kings.

네가 자기의 일에 능숙한 사람을 보았느냐
이러한 사람은 왕 앞에 설 것이요
잠언 22:29

컴퓨터에는 '운영체제'라는 것이 있습니다. 애플에는 apple OS가 있고 PC에는 microsoft windows가 있습니다. 이 운영체제는 단 하나의 체제가 모든 것을 떠받치고 있습니다. 애플이면 애플, 마이크로소프트이면 그것으로만 사용하게 되어 있지 섞어서 쓸 수는 없습니다. 대혼란이 일어나기 때문입니다. 이것이 오늘 본문이 이야기하는 '한결같은 저울추'입니다. 나와 남을 재는 저울이 다르고, 또 이 사람과 저 사람, 이 사건과 저 사건을 재는 저울추가 다른 경우를 우리는 너무나 많이 봅니다. 결국은 영과 육이 대혼란, 대혼돈으로 빠져드는 단초가 됩니다. 우리의 인생은 어떤 기준으로 직조되어 있는 섬유와 같습니다. 기준에 혼란이 오면 결국 우리가 받게 될 직조물은 금세 흩어지는 불량품이 될 것입니다. 한결같은 저울추를 하나님께서 축복하십니다.

Do not be a man who strikes hands in pledge or puts up security for debts; if you lack the means to pay, your very bed will be snatched from under you. Do not move an ancient boundary stone set up by your forefathers. Do you see a man skilled in his work? He will serve before kings; he will not serve before obscure men.

Proverbs 22:26-29

너는 사람과 더불어 손을 잡지 말며 남의 빚에 보증을 서지 말라 만일 갚을 것이 네게 없으면 네 누운 침상도 빼앗길 것이라 네가 어찌 그리하겠느냐 네 선조가 세운 옛 지계석을 옮기지 말지니라 네가 자기의 일에 능숙한 사람을 보았느냐 이러한 사람은 왕 앞에 설 것이요 천한 자 앞에 서지 아니하리라

잠언 22:26-29

🌿 말씀 새기기 *Carving Words*

You see a man. 네가 한 사람을 본다.
You see a man skilled in his work. 네가 자기의 일에 능숙한 사람을 본다.
Do you see a man skilled in his work?
네가 자기의 일에 능숙한 사람을 보느냐?

모든 일에 기한이 있다

There is a time for everything,
and a season for every activity under heaven.

범사에 기한이 있고 천하 만사가 다 때가 있나니
전도서 3:1

개인사의 고백 한마디. 저는 평생 교회를 다녔습니다. 그런데 세상에서 성공해 보겠다고 나돌아 다니면서 교회 일을 게을리하던 그때에도 단 한 번도 의심한 적이 없는 것이 '내가 봉사할 땐 음악으로 하게 될 것이다'라는 점이었습니다. 학생 때에도 성가대만 했지 주일학교 교사는 할 생각도 안 했습니다. 지금 저는 음악 사역과는 정말 관계가 없어져 버렸고 꿈도 꾸지 못한 '말씀을 전하는 일'을 하고 있습니다. 전도사가 되어 청년 교회를 개척한 것이지요. 그런 날이 올 줄 정말 몰랐지만 모든 것에 기한이 있습니다There is a time for everything. 하늘 아래 만사에 다 때가 있습니다a season for every activity under heaven. 저에게 그때가 도래한 것을 감사합니다.

There is a time for everything, and a season for every activity under heaven: a time to be born and a time to die, a time to plant and a time to uproot, a time to kill and a time to heal, a time to tear down and a time to build.

Ecclesiastes 3:1-3

범사에 기한이 있고 천하 만사가 다 때가 있나니 날 때가 있고 죽을 때가 있으며 심을 때가 있고 심은 것을 뽑을 때가 있으며 죽일 때가 있고 치료할 때가 있으며 헐 때가 있고 세울 때가 있으며

전도서 3:1-3

🍃 말씀 새기기 *Carving Words*

There is a season. 제때가 있다.

There is a season for every activity. 만사가 다 때가 있다.

There is a season for every activity under heaven.
천하 만사가 다 때가 있다.

편안함이 아니라 평안함으로

*You will keep in perfect peace him
whose mind is steadfast.*

주께서 심지가 견고한 자를 평강하고 평강하도록 지키시리니
이사야 26:3

'평강'은 영어로는 peace, 즉 '평화'입니다. 오늘 말씀에서 하나님께서 자신을 신뢰하는 사람에게 완전한 평강perfect peace을 주겠다고 하시는군요. 그런데 의문이 생깁니다. 하나님을 의지하는 사람들을 많이 보았지만 그들의 삶이 평화로 가득한 것은 아니었습니다. 성경의 예만 들어보아도 다윗은 평생토록 정말 많은 적들에게 시달렸고 그의 시편을 읽어보면 대부분의 기도가 싸움에 관한 것들입니다. 어떻게 된 것일까요? 비밀은 peace라는 말의 뜻에 있습니다. 하나님이 약속하는 peace는 '편안함'이 아니라 '평안함'입니다. 선인에게나 악인에게나 똑같은 햇살이 비치듯이 역시 누구에게나 똑같이 고난은 오는 것이지요. 하지만 If you trust in God, 하나님을 신뢰하면 그의 마음에는 '평안'이 있습니다. 완전한 평안perfect peace을 누립시다. 우리가 살아가는 세상은 바이러스가 판을 치지만 면역이 있는 자에겐 평화의 땅이니까요.

You will keep in perfect peace him whose mind is steadfast, because he trusts in you. Trust in the LORD forever, for the LORD, the LORD, is the Rock eternal. He humbles those who dwell on high, he lays the lofty city low; he levels it to the ground and casts it down to the dust.

Isaiah 26:3-5

주께서 심지가 견고한 자를 평강하고 평강하도록 지키시리니 이는 그가 주를 신뢰함이니이다 너희는 여호와를 영원히 신뢰하라 주 여호와는 영원한 반석이심이로다 높은 데에 거주하는 자를 낮추시며 솟은 성을 헐어 땅에 엎으시되 진토에 미치게 하셨도다

이사야 26:3-5

🌿 말씀 새기기 Carving Words

You will keep him in perfect peace.
주께서 그를 평강하고 평강하도록 지키실 것이다.

You will keep in perfect peace him.
주께서 그를 평강하고 평강하도록 지키실 것이다.

You will keep in perfect peace him whose mind is steadfast.
주께서 심지가 견고한 자를 평강하고 평강하도록 지키실 것이다.

하나님을 의지하는 겸손한 마음

Whether you turn to the right or to the left,
your ear will hear a voice behind you saying,
"This is the way. Walk in it!"

너희가 오른쪽으로 치우치든지 왼쪽으로 치우치든지
네 뒤에서 말소리가 네 귀에 들려 이르기를
이것이 바른 길이니 너희는 이리로 가라 할 것이며

이사야 30:21

'turn to the right or to left'는 열심히 잘난 척을 하지만 사실은 자신의 운명에 무지한 인간 실존을 드러내는 구절입니다. 방향을 잡지 못해 헤매고 있는 모습이지요. 첨단 과학을 자랑하는 이런 시대에 기상청 체육대회 날에 비가 오는 일이 벌어집니다. 우리는 그렇게 한 치 앞을 모르는 존재입니다. 희망이 있습니다. 하나님을 의지하는 겸손한 마음을 가지는 것입니다. 조용히 그의 말씀에 귀를 기울입시다. 그리고 겸손히 하나님께서 바른 길로 인도해 주실 것을 요청하는 것입니다. 그럴 때 하나님께서 말씀하십니다. "This is the way(이쪽이 길이다). Walk in it(그 길로 가라)."

Whether you turn to the right or to the left, your ears will hear a voice behind you, saying, "This is the way; walk in it." Then you will defile your idols overlaid with silver and your images covered with gold; you will throw them away like a menstrual cloth and say to them, "Away with you!"

Isaiah 30:21-22

너희가 오른쪽으로 치우치든지 왼쪽으로 치우치든지 네 뒤에서 말소리가 네 귀에 들려 이르기를 이것이 바른 길이니 너희는 이리로 가라 할 것이며 또 너희가 너희 조각한 우상에 입힌 은과 부어 만든 우상에 올린 금을 더럽게 하여 불결한 물건을 던짐 같이 던지며 이르기를 나가라 하리라

이사야 30:21-22

🌿 말씀 새기기 *Carving Words*

to the right or to the left 오른쪽이나 왼쪽으로

Whether you turn to the right or to the left,
너희가 오른쪽으로 치우치든지 왼쪽으로 치우치든지.

Whether you turn to the right or to the left, your ears will hear a voice.
너희가 오른쪽으로 치우치든지 왼쪽으로 치우치든지, 말소리가 네 귀에 들릴 것이다.

허무하지 않은 한 가지

The grass withers and the flowers fall,
but the word of our God stands forever.

풀은 마르고 꽃은 시드나 우리 하나님의 말씀은 영원히 서리라

이사야 40:8

He never rests and sleeps. 하나님은 쉬지도 주무시지도 않습니다. 그래서 우주는 한시도 가만히 있지 못하나 봅니다. 지구는 쉴 새 없이 태양을 도는데 이 태양계도 사실은 쉴 새 없이 은하계를 공전하고, 은하계마저 그 어떤 곳을 기준으로 끊임없이 움직이고 있답니다. 우리 하나님 참 부지런하신 분인가 봐요. 우리가 이리도 정신없이 돌아가는데, 풀인들, 꽃인들 그냥 그대로 머물러 있겠어요? 나무도 들도 산도 강도 변하고 또 변하고 있죠. 그래서 무상無常하다는 말을 하는 걸 거예요. 영원한常 것이 없다無는 거죠. 영어로 하면 "Nothing lasts forever."가 되지요. 딱 한 가지 예외가 있습니다. 바로 이 모든 것의 원인이 되시는 하나님이시지요. 그래서 우리는 하나님만 의지해야 되는 겁니다. 하나님 빼곤 사실 모두 허무하니까요. Nothing lasts forever but God.

A voice says, "Cry out." And I said, "What shall I cry?" "All men are like grass, and all their glory is like the flowers of the field. The grass withers and the flowers fall, because the breath of the LORD blows on them. Surely the people are grass. The grass withers and the flowers fall, but the word of our God stands forever."

Isaiah 40:6-8

말하는 자의 소리여 이르되 외치라 대답하되 내가 무엇이라 외치리이까 하니 이르되 모든 육체는 풀이요 그의 모든 아름다움은 들의 꽃과 같으니 풀은 마르고 꽃이 시듦은 여호와의 기운이 그 위에 붊이라 이 백성은 실로 풀이로다 풀은 마르고 꽃은 시드나 우리 하나님의 말씀은 영원히 서리라 하라

이사야 40:6-8

🍂 말씀 새기기 *Carving Words*

The grass withers. 풀은 마른다.
The grass withers and the flowers fall. 풀은 마르고 꽃은 시든다.
The grass withers and the flowers fall, but the word of our God stands forever. 풀은 마르고 꽃은 시드나 우리 하나님의 말씀은 영원히 서리라.

영적 도둑잠

Those who hope in the LORD will renew their strength.

오직 여호와를 앙망하는 자는 새 힘을 얻으리니

이사야 40:31

조금 전 낮잠을 잤습니다. 제 차 안에서 잠깐 잠이 들었었나 봅니다. 20분이 채 못 되는 시간인데 머리가 맑아지고 눈의 피로가 말끔히 가셨습니다. 짬짬이 훔치듯 자는 도둑잠으로 피로를 말끔히 털어냅니다. 밤에 자는 시간에 비하면 말도 못하게 '경제적'인 셈이지요. 그런데 우리의 영적 생활은 어떤가요? 당신에게는 이렇게 잠깐 하늘나라로 가서 하나님의 '생명'을 살짝 훔쳐오는 '영적 도둑잠'이 있으신가요? 학업이든, 업무든, 사업이든, 자녀 교육이든, 지상의 문제를 내려다보면 머리가 지끈거리고 더는 지탱할 수 없이 숨이 차오지만, Those who hope in the Lord will renew his strength. 하나님을 소망으로 올려다보는 사람은 그 힘이 새로워집니다. 현실에서 눈을 떼고 잠시라도 위를 올려다볼 줄 아는 사람만이 독수리가 날개치며 올라감 같을 것입니다.

Even youths grow tired and weary, and young men stumble and fall; but those who hope in the LORD will renew their strength. They will soar on wings like eagles; they will run and not grow weary, they will walk and not be faint.

Isaiah 40:30-31

소년이라도 피곤하며 곤비하며 장정이라도 넘어지며 쓰러지되 오직 여호와를 앙망하는 자는 새 힘을 얻으리니 독수리가 날개치며 올라감 같을 것이요 달음박질하여도 곤비하지 아니하겠고 걸어가도 피곤하지 아니하리로다

이사야 40:30-31

🍃 말씀 새기기 *Carving Words*

those who hope in the LORD 여호와를 앙망하는 자
Those who hope in the LORD renew their strength.
여호와를 앙망하는 자는 새 힘을 얻는다.
Those who hope in the LORD will renew their strength.
여호와를 앙망하는 자는 새 힘을 얻으리라.

믿는 데가 있으면 겁이 없다

Do not fear; I will help you.

두려워하지 말라 내가 너를 도우리라
이사야 41:13

fear(두려움) 하면 생각나는 옛 추억 하나. 예전에 근무하던 직장에 신입사원이 들어 왔습니다. 20대 중반의 유학을 마치고 온 이 친구는 간 크게도 직장 선배에게 허리를 꼿꼿이 세우고 악수를 하자고 손을 내밀지 않나, 부장님이 불러도 여유를 피우며 어슬렁어슬렁 가곤 했습니다. 도대체 겁이 없는 겁니다. 결국 해고되었냐고요? 천만에! 오히려 저보다 빨리 승진했지요. 화가 난 저는 생애 첫 직장을 3년 만에 때려치워버렸습니다. 허허허. 그런데 알고 보니 이 친구, 제가 속한 모 회사의 오너 아들이었습니다. 그러니까 그룹 후계자였던 거지요! 믿는 데가 있으니 그렇게 겁이 없지요. fear란 무엇인가요? 쉽게 말해 '믿는 데'가 없는 겁니다. 세상을 만드신 하나님을 '믿는' 당신, 무엇을 두려워하세요? Do not fear! God will help you! 당신에게 하나님은 세계 최고의 '믿는 데'가 되십니다!

Though you search for your enemies, you will not find them. Those who wage war against you will be as nothing at all. For I am the LORD, your God, who takes hold of your right hand and says to you, "Do not fear; I will help you."

Isaiah 41:12-13

네가 찾아도 너와 싸우던 자들을 만나지 못할 것이요 너를 치는 자들은 아무것도 아닌 것 같고 허무한 것 같이 되리니 이는 나 여호와 너의 하나님이 네 오른손을 붙들고 네게 이르기를 두려워하지 말라 내가 너를 도우리라 할 것임이니라

이사야 41:12-13

🌿 말씀 새기기 *Carving Words*

Fear. 두려워하라.

Do not fear. 두려워하지 말라.

Do not fear; I will help you. 두려워하지 말라. 내가 너를 도우리라.

긍휼은 함께 아픔을 느끼는 것

He who has compassion on them will guide them.

그들을 긍휼히 여기는 이가 그들을 이끌되

이사야 49:10

한 아주머니가 길을 가다가 쓰러져 있는 걸인 할아버지를 발견했습니다. 차마 지나칠 수 없었던 아주머니는 할아버지를 집으로 데려가 목욕을 시키고 따뜻한 밥까지 먹였습니다. 식사를 마친 할아버지가 주머니 속을 뒤적거리더니 비닐봉지 안에 꼬깃꼬깃 싸놓은 돈을 한 움큼 아주머니 손에 쥐여 주더랍니다. 노숙자들이 길에서 숨을 거두는 것을 대비해 몸에 '장례비용'을 가지고 다닌다는 말을 아주머니는 나중에 들었습니다. 무엇이 이 아주머니로 하여금 할아버지를 집 안으로 모시게 했을까요? 바로 compassion(긍휼)입니다. passion(고난)이라는 말에 '같이共'를 의미하는 접두사 com-이 붙은 말로, '함께 아픔을 느낌'이라는 뜻입니다. 그것이 바로 he who has compassion on them(그들의 아픔을 함께 느끼시는 분), 즉 하나님의 마음입니다. 지금 누군가의 고통 때문에 같이 괴로워하고 계신가요? 하나님이 당신과 함께하고 계십니다.

They will feed beside the roads and find pasture on every barren hill. They will neither hunger nor thirst, nor will the desert heat or the sun beat upon them. He who has compassion on them will guide them and lead them beside springs of water.

Isaiah 49:9-10

그들이 길에서 먹겠고 모든 헐벗은 산에도 그들의 풀밭이 있을 것인즉 그들이 주리거나 목마르지 아니할 것이며 더위와 볕이 그들을 상하지 아니하리니 이는 그들을 긍휼히 여기는 이가 그들을 이끌되 샘물 근원으로 인도할 것임이라

이사야 49:9-10

🦋 말씀 새기기 *Carving Words*

he who has compassion 긍휼히 여기는 자
he who has compassion on them 그들을 긍휼히 여기는 자
He who has compassion on them will guide them. 그들을 긍휼히 여기는 자가 그들을 이끌 것이다.

하나님의 노래는 저절로 나온다

Shout for joy, O heavens; rejoice, O earth.

하늘이여 노래하라 땅이여 기뻐하라

이사야 49:13

아이들을 유심히 관찰하면 재미있는 것을 많이 발견합니다. 어떤 아이는 과묵하고, 어떤 아이는 항상 뛰고, 또 어떤 아이는 항상 노래를 흥얼거립니다. 저는 '항상 노래하는 아이'였습니다. 뭐 즐거운 일이 있어서가 아니고 그냥 눈만 뜨면 음악을 흥얼거렸습니다. 어른이 된 어느날 제 입에서 노래가 끊긴 지 한참 된 사실을 발견했습니다. 곰곰이 생각하니 '사업'을 시작한 후부터라는 사실을 알게 되었고, 그때는 하나님과 멀어지게 된 시점과도 일치했습니다. 사업이 망했을 때 하나님은 다시 제 마음을 채우셨고, 제 입에서는 다시 저절로 흥얼거림이 돌아왔습니다. Shout for joy, O heaven(하늘이여, 기쁨을 외치라)! Rejoice, O earth(땅이여, 기뻐하라)! 그렇습니다. 하나님의 노래songs for God는 '조건' 때문에 하는 것이 아닙니다. 주께서 내 영혼을 채우실 때 저절로 올라오는 것입니다.

See, they will come from afar–some from the north, some from the west, some from the region of Aswan. Shout for joy, O heavens; rejoice, O earth; burst into song, O mountains! For the LORD comforts his people and will have compassion on his afflicted ones.

Isaiah 49:12–13

어떤 사람은 먼 곳에서, 어떤 사람은 북쪽과 서쪽에서, 어떤 사람은 시님 땅에서 오리라 하늘이여 노래하라 땅이여 기뻐하라 산들이여 즐거이 노래하라 여호와께서 그의 백성을 위로하셨은즉 그의 고난당한 자를 긍휼히 여기실 것임이라

이사야 49:12–13

🌿 **말씀 새기기** *Carving Words*

Shout for joy 즐거워 외치라.

Shout for joy, O heavens. 하늘이여, 즐거워 외치라.

Shout for joy, O heavens; rejoice, O earth.
하늘이여, 즐거워 외치라. 땅이여 기뻐하라.

하나님의 영이 필요한 순간

Like cattle that go down to the plain,
they were given rest by the Spirit of the LORD.

여호와의 영이 그들을 골짜기로 내려가는 가축 같이
편히 쉬게 하셨도다

이사야 63:14

저는 심신이 피곤하면 밤에 욕조에 몸을 담그는 것을 좋아합니다. 그러면 I am given rest. 그러니까 '휴식한다'는 느낌이 들지요. 그것으로도 부족하면 평소 읽고 싶었던 책을 읽습니다. 어떤 때는 그 좋아하는 목욕으로도, TV로도, 독서로도, 그리고 운동으로도 진정한 휴식 rest을 취했다는 느낌이 부족할 때가 있습니다. 바로 하나님의 영the Spirit of the Lord이 필요한 순간입니다. 하나님의 영은 단 한 가지 조건만 있으면 우리에게 들어와 우리를 들판으로 내려가는 가축들처럼(like the cattle that go down to the plain: 개역개정은 들판을 '골짜기'로 번역했습니다) 쉬게 하겠다고 말씀하십니다. 바로 그 어떤 것도 '안식의 주인'으로 삼지 않겠다는 믿음, 예수님만 내 평화가 되신다는 믿음입니다. 오늘도 예수님을 만나 맛있는 풀이 가득한 들판으로 내려가시길 기도합니다.

Like cattle that go down to the plain, they were given rest by the Spirit of the LORD. This is how you guided your people to make for yourself a glorious name. Look down from heaven and see from your lofty throne, holy and glorious.

Isaiah 63:14-15

여호와의 영이 그들을 골짜기로 내려가는 가축 같이 편히 쉬게 하셨도다 주께서 이와 같이 주의 백성을 인도하사 이름을 영화롭게 하셨나이다 하였 느니라 주여 하늘에서 굽어 살피시며 주의 거룩하고 영화로운 처소에서 보 옵소서

이사야 63:14-15

🌱 말씀 새기기 *Carving Words*

rest 휴식

They were given rest. 그들에게 휴식이 주어졌다.

They were given rest by the Spirit of the LORD.

여호와의 영이 그들을 편히 쉬게 하셨다.

먼저 고백하고 다가오는 분

Before they call I will answer;
while they are still speaking I will hear.

그들이 부르기 전에 내가 응답하겠고
그들이 말을 마치기 전에 내가 들을 것이며

이사야 65:24

제가 아는 청년이 교회에서 반주를 하는 자매를 남몰래 흠모하고 있는데 어쩌면 좋을지 모르겠다며 제게 상담을 해 왔습니다. 전 미소를 지으며 말했습니다. "분위기를 잘 만들어서 사랑을 한번 고백해 보지. 말하지 않는 사랑은 '어둠 속의 윙크'처럼 영원히 전달되지 않으니까." 성경은 우리를 향한 하나님의 '못 말리는 러브레터'입니다. 하나님은 우리가 먼저 찾기를 원하십니다. 사랑에 빠진 청년의 마음처럼 조심스러우신 거죠. 하지만 때가 이르면 When the time is right, 더 이상은 표현을 억누르지 못하고 우리에게 먼저 고백하며 다가오십니다. Before we call He will answer, 우리가 말도 하기 전에 대답하시고, while we are speaking He will hear. 말이 채 끝나기도 전에 우리 마음을 알아차리십니다. 하나님 정말 급하셨나 봐요. 사랑합니다, 저도요.

"Before they call I will answer; while they are still speaking I will hear. The wolf and the lamb will feed together, and the lion will eat straw like the ox, but dust will be the serpent's food. They will neither harm nor destroy on all my holy mountain," says the LORD.

Isaiah 65:24-25

그들이 부르기 전에 내가 응답하겠고 그들이 말을 마치기 전에 내가 들을 것이며 이리와 어린 양이 함께 먹을 것이며 사자가 소처럼 짚을 먹을 것이며 뱀은 흙을 양식으로 삼을 것이니 나의 성산에서는 해함도 없겠고 상함도 없으리라 여호와께서 말씀하시니라

이사야 65:24-25

🌿 **말씀 새기기** *Carving Words*

Before they call, 그들이 부르기 전에,

Before they call, I answer. 그들이 부르기 전에 내가 응답한다.

Before they call, I will answer. 그들이 부르기 전에 내가 응답할 것이다.

이미 너를 알았다

Before I formed you in the womb I knew you.

내가 너를 모태에 짓기 전에 너를 알았고

예레미야 1:5

제 아내와 저는 대학 4학년 때 같은 수업을 들었습니다. 그냥 먼발치에서 바라보다가 한 학기가 지나서야 마주 보고 데이트를 하게 되었지요. 둘 사이가 한창 무르익어 갈 즈음에 저는 사실을 이야기하고 말았습니다. 사실은 당신을 알고 있었고 조용히 흠모하고 있었고 그래서 수업에 등록했노라고. 처음부터 당신을 알았고 당신만 생각했고 당신을 기다리고 있었다고. 아내는 눈물을 글썽였지요. 그때는 제 아내가 무슨 감동을 어떻게 느꼈는지 알 수 없었습니다. 나중에 이 구절을 읽으면서 아내의 마음이 약간은 짐작이 갔습니다. 'Before I formed you in the womb, 내가 너를 모태에 짓기 전에, I knew you. 이미 너를 알았다.'고 하십니다. 그러니까 I am no accident! 난 우연히 태어난 사람이 아니라는 말씀입니다. 우리 인생엔 목적이 있고 사명이 있습니다. 사랑으로 모든 것을 계획하신 이를 찬양합니다.

"Before I formed you in the womb I knew you, before you were born I set you apart; I appointed you as a prophet to the nations." "Ah, Sovereign LORD," I said, "I do not know how to speak; I am only a child."

Jeremiah 1:5-7

내가 너를 모태에 짓기 전에 너를 알았고 네가 배에서 나오기 전에 너를 성별하였고 너를 여러 나라의 선지자로 세웠노라 하시기로 내가 이르되 슬프도소이다 주 여호와여 보소서 나는 아이라 말할 줄을 알지 못하나이 다 하니

예레미야 1:5-7

🌿 말씀 새기기 *Carving Words*

Before I formed you, 내가 너를 짓기 전에,

Before I formed you in the womb, 내가 너를 모태에 짓기 전에,

Before I formed you in the womb, I knew you.

내가 너를 모태에 짓기 전에 너를 알았다.

하나님이 나를 포기하지 않는 이유

For I am watching to see that my word is fulfilled.

이는 내가 내 말을 지켜 그대로 이루려 함이라

예레미야 1:12

위대한 신앙의 지도자들 가운데 하나님께 부름을 받고 자원하는 마음으로 자신 있게 화답한 사람들이 의외로 많지 않은 것 같습니다. 예레미야 역시 하나님이 내가 너를 열방의 선지자로 세웠노라고 말씀하시자, "슬프도소이다 나는 아이라 말할 줄을 알지 못하나이다"라고 약한 모습을 보였습니다. 말을 못한다면서 어쩌면 한 번도 지지 않고 꼬박꼬박 말대답은 잘하는지요. 하나님께서는 "너 말고도 쓸 만한 애들 많거든." 하고 잘라버리시지 않고 온갖 수단과 방법으로 어르고 달래서 결국 위대한 지도자로 만드셨습니다. 하나님은 소심한 예레미야에게 살구나무를 보여주고 이 말씀을 들려주시면서 그에게 확신과 용기를 주셨답니다. 또 하나님께 부르심을 받으신 그들이 합당해서 부르심을 받은 것이 아니라 그들이 태 속에 있기 전부터 하나님이 준비하셨기 때문일 것입니다. 그저 때가 온 것일 뿐, 하나님은 그를 포기하지 않으실 이유가 처음부터 있었습니다. 지금도 하나님께서 나를 포기하지 않으시는 이유, 바로 그 이유입니다.

The word of the LORD came to me: "What do you see, Jeremiah?" "I see the branch of an almond tree," I replied. The LORD said to me, "You have seen correctly, for I am watching to see that my word is fulfilled."

Jeremiah 1:10-12

여호와의 말씀이 또 내게 임하리니 이르시되 예레미야야 네가 무엇을 보느냐 하시매 내가 대답하되 내가 살구나무 가지를 보나이다 여호와께서 내게 이르시되 네가 잘 보았도다 이는 내가 내 말을 지켜 그대로 이루려 함이라 하시니라

예레미야 1:10-12

🦋 말씀 새기기 *Carving Words*

I am watching. 나는 지켜보고 있다.

I am watching to see. 나는 보기 위해 지켜보고 있다.

For I am watching to see that my word is fulfilled.

이는 나는 내 말이 성취되는 것을 보기 위해 지켜보고 있기 때문이다 (이는 나는 내 말을 지켜 그대로 이루려 함이다).

크고 은밀한 것을 받는 특권

Call to me and I will answer you.

너는 내게 부르짖으라 내가 네게 응답하겠고

예레미야 33:3

누군가 마당에 1억 원을 묻었습니다. 그러고는 죽어 버렸습니다. 이 돈은 '돈'일까요? 이 돈은 돈이 아닙니다. 마당에 묻힌 종이에 불과합니다. 돈은 '돌아야' 돈이니까요. 누군가 입과 귀를 봉해 버리고 혼자 굴속에 들어가 살다가 죽었습니다. 그는 '인간'일까요? 털 없는 피부를 가진, 원숭이를 닮은 동물일 것입니다. '인간人間'은 사람人 사이間에 있을 때 비로소 인간이니까요. 그래서 우리는 힘들 때 서로 부르짖어야 call to one another 합니다. 하나님은 우리에게 좀 더 근본적인 것을 요구하십니다. Call to me. 나에게 부르짖으라. And I will answer you. 내가 네게 응답하겠고, 네가 알지 못하는 크고 은밀한 일을 네게 보이리라고 말씀하십니다. 왜냐하면 인간은 서로의 부르짖음에 완벽히 응답해 줄 수 있는 능력이 없기 때문입니다. He will surely answer you. 하나님은 반드시 응답하십니다. 하나님께 먼저 부르짖으면 '크고 은밀한 것'을 받는 특권이 옵니다.

This is what the LORD says, he who made the earth, the LORD who formed it and established it-- the LORD is his name: 'Call to me and I will answer you and tell you great and unsearchable things you do not know.'

Jeremiah 33:2-3

일을 행하시는 여호와, 그것을 만들며 성취하시는 여호와, 그의 이름을 여호와라 하는 이가 이와 같이 이르시도다 너는 내게 부르짖으라 내가 네게 응답하겠고 네가 알지 못하는 크고 은밀한 일을 네게 보이리라

예레미야 33:2-3

🍃 말씀 새기기 *Carving Words*

Call. 부르짖으라.

Call to me. 내게 부르짖으라.

Call to me and I will answer you.

내게 부르짖으라. 그러면 내가 네게 응답할 것이다.

하나님의 애타는 부르심

Those who lead many to righteousness,
like the stars for ever and ever.

많은 사람을 옳은 데로 돌아오게 한 자는
별과 같이 영원토록 빛나리라
다니엘 12:3

66권이나 되는 성경, 그 많고 많은 이야기와 구절들 위로 떠오르는 한 가지 주제가 있다면 그것은 하나님이 범죄하고 숨어버린 아담을 찾는 말, 바로 "Adam, Where are you? (아담아, 어디 있느냐?)"일 것입니다. 죄를 짓고 숨어버린 아담을, 혹은 욕심에 눈이 멀어 에덴을 떠나버린 아담을, 혹은 아예 하나님을 잊어버린 아담을 하나님은 애타는 마음으로 부르고 계십니다. 우리를 부르고 계십니다. 그래서 아예 그의 외아들까지 보내신 것이죠. 많은 사람을 옳은 데로 돌아오게 한 자those who lead many to righteousness는 많은 사람을 하나님의 애타는 부르심 앞으로 이끌고 온 자입니다. 하나님의 사랑 앞으로 돌아오게 한 자입니다. 그들은 영원히, 영원히for ever and ever 별과 같이 빛날shine like the stars 것입니다. 예수님이 그러신 것처럼 말입니다.

Multitudes who sleep in the dust of the earth will awake: some to everlasting life, others to shame and everlasting contempt. Those who are wise will shine like the brightness of the heavens, and those who lead many to righteousness, like the stars for ever and ever.

Daniel 12:2-3

땅의 티끌 가운데에서 자는 자 중에서 많은 사람이 깨어나 영생을 받는 자도 있겠고 수치를 당하여서 영원히 부끄러움을 당할 자도 있을 것이며 지혜 있는 자는 궁창의 빛과 같이 빛날 것이요 많은 사람을 옳은 데로 돌아오게 한 자는 별과 같이 영원토록 빛나리라

다니엘 12:2-3

🌿 말씀 새기기 *Carving Words*

those who lead many 많은 사람을 이끄는 자

those who lead many to righteousness 많은 사람을 옳은 데로 이끄는 자

Those who lead many to righteousness are like the stars for ever and ever. 많은 사람을 옳은 데로 돌아오게 한 자는 별과 같이 영원토록 빛나리라.

159

성령이 모든 것을 행하신다

*Your sons and daughters will prophesy,
your old men will dream dreams.*

너희 자녀들이 장래 일을 말할 것이며 너희 늙은이의 꿈을 꾸며
요엘 2:28

하나님의 영이 오시면 정말 큰 변화가 일어납니다. 악은 제거되고 부족함은 채워집니다. Your sons and daughters will prophesy, 경험이 없어 앞을 내다보는 능력이 없던 자녀들은 미래에 대한 지혜를 갖게 되고, your old man will dream dreams, 나이가 들어 더 이상은 인생에 소망이 없던 노인들이 가슴 뛰는 꿈을 갖게 되기 때문입니다. 꼼꼼한 사람은 대범함을 배우고, 자유로운 영혼들은 책임감을 갖게 될 것입니다. 추진력은 보존하되 희생자를 돌아보게 되고, 온유하면서도 우유부단하지 않은 사람이 될 것입니다. 모든 사람은 자신의 성격, 신체, 그리고 연령을 넘어 새로운 피조물이 될 것이라는 말씀입니다. 우리의 노력으로 그렇게 된다는 뜻이 아닙니다. The Holy Spirit does it all. 성령님이 이 모든 것을 행하십니다. 아멘.

And afterward, I will pour out my Sprite on all people. Your sons and daughters will prophesy, your old men will dream dreams, your young men will see visions. Even on my servants, both men and women, I will pour out my Spirit in those days.

Joel 2:28-29

그 후에 내가 내 영을 만민에게 부어 주리니 너희 자녀들이 장래 일을 말할 것이며 너희 늙은이는 꿈을 꾸며 너희 젊은이는 이상을 볼 것이며 그때에 내가 또 내 영을 남종과 여종에게 부어 줄 것이며

요엘 2:28-29

🌿 말씀 새기기 *Carving Words*

your sons and daughters 너희 자녀들
Your sons and daughters prophesy. 너희 자녀들이 장래 일을 말한다.
Your sons and daughters will prophesy.
너희 자녀들이 장래 일을 말할 것이다.

악에서 돌이키기

He had compassion and did not bring
upon them the destruction he had threatened.

하나님의 뜻을 돌이키사 그들에게 내리리라고 말씀하신
재앙을 내리지 아니하시리라
요나 3:10

하나님은 마음을 바꾸시는 분일까요? 이 질문에 대한 답은 YES AND NO입니다. 성경엔 하나님께서 그 뜻을 바꾸시지 않는다는 구절과 여기 구절처럼 뜻을 돌이키신다는 구절이 동시에 나오니까요. 정리하면 이렇습니다. 우리가 악에서 돌이키지 않으면 하나님도 심판을 돌이키지 않으십니다. 반대로 우리가 악에서 돌이키면, He has compassion. 긍휼을 베푸사 He does not bring upon us the destruction he has threatened. 말씀하신 심판을 거두시는 것이지요. compassion을 앞에서 말한 대로 '상대방의 아픔을 같이 느껴 주는 마음'이라는 뜻입니다. 사실 하나님은 우리에게 compassion을 느낄 일만 기다리고 계시는 분 같습니다. 오늘도 그분의 compassion에 기대해봅니다.

Who knows? God may yet relent and with compassion turn from his fierce anger so that we will not perish. When God saw what they did and how they turned from their evil ways, he had compassion and did not bring upon them the destruction he had threatened.

Jonah 3:9-10

하나님의 뜻을 돌이키시고 그 진노를 그치사 우리가 멸망하지 않게 하시리라 그렇지 않을 줄을 누가 알겠느냐 한지라 하나님이 그들이 행한 것 곧 그 악한 길에서 돌이켜 떠난 것을 보시고 하나님이 뜻을 돌이키사 그들에게 내리리라고 말씀하신 재앙을 내리지 아니하시니라

요나 3:9-10

🌿 말씀 새기기 *Carving Words*

He did not bring upon them. 하나님이 그들에게 내리지 않으셨다.

He did not bring upon them the destruction.

하나님이 그들에게 재앙을 내리지 않으셨다.

He did not bring upon them the destruction he had threatened.

하나님이 그들에게 내리리라고 말씀하신 재앙을 내리지 않으셨다.

고난은 결국 끝을 맺는다

*Now I will break their yoke from your neck
and tear your shackles away.*

이제 네게 지운 그의 멍에를 내가 깨뜨리고 네 결박을 끊으리라
나훔 1:13

오늘 나훔에 나오는 이 구절에서는 두 가지 인상적인 물건이 등장합니다. yoke(멍에)와 shackle(결박, 족쇄)입니다. 멍에와 족쇄는 두 가지 종류가 있습니다. 내가 지은 죄에 대한 필연적 결과로의 족쇄, 즉 남의 물건을 훔쳤으면 감옥에 간다는 간단한 이치로 인한 것, 두 번째는 내 탓이 아닌데도 겪는 고초입니다. 그리고 그것이 하나님께서 일부러 주신 고난에 해당합니다. temptation(유혹, 시험)이 아니라 test(시험, 성장을 위한 단련)입니다. 이것만 명심합시다. Tough times never last! 고난은 결국 끝을 맺습니다! 그리고 It ain't over until it's over. 하나님이 끝났다고 하실 때까진 결코 끝난 게 아닙니다. 고진감래苦盡甘來. God breaks your yoke and tear your shackles. 하나님께서 멍에를 깨뜨리고 족쇄를 뜯어버리십니다.

This is what the LORD says: "Although they have allies and are numerous, they will be cut off and pass away. Although I have afflicted you, O Judah, I will afflict you no more. Now I will break their yoke from your neck and tear your shackles away."

Nahum 1:12-13

여호와께서 이같이 말씀하시기를 그들이 비록 강하고 많을지라도 반드시 멸절을 당하리니 그가 없어지리라 내가 전에는 너를 괴롭혔으나 다시는 너를 괴롭히지 아니할 것이라 이제 네게 지운 그의 멍에를 내가 깨뜨리고 네 결박을 끊으리라

나훔 1:12-13

🌿 **말씀 새기기** *Carving Words*

I will break. 내가 깨뜨릴 것이다.

I will break their yoke. 멍에를 내가 깨뜨릴 것이다.

Now I will break their yoke from your neck.
이제 그들이 네 목에 지운 멍에를 내가 깨뜨릴 것이다.

하나님을 즐거워하기

I will rejoice in the LORD.

나는 여호와로 말미암아 즐거워하며
하박국 3:18

저의 아내는 타고난 주부인가 봅니다. 아침에 일어나면 언제나 5분 내로 유기농 밥상이 차려지며, 건강에 좋다는 반찬이 적어도 다섯 가지는 꼭 나옵니다. 그중에서도 일본식 낫토에 김치를 섞고 날계란을 풀어먹는 것을 저는 정말 좋아합니다. 여기다 밥까지 비비면 정말 일품이지요. 밤늦게 배고프게 작업할 때는 정말 아침이 기다려집니다. 그런데 혹시 저는 '낫토 비빔밥'을 아내보다 더 사랑하는 게 아닐까요? 아마 아닐 겁니다. 아니, 그렇다면 정말 어리석은 사람이지요. '선물 주는 사람'보다 '선물'을 더 좋아하는 게 되니까요. 'I will rejoice in the Lord(나는 여호와를 즐거워할 것이다).'라는 말씀은 모든 것을 주시는 그분 자체를 즐거워하라는 말입니다. We rejoice his presents. 우리는 그분의 선물을 즐거워하면서 정작 하나님은 잊어버립니다. 밥상만 보고, 밥 주는 분을 잊어버리는 어리석음이지요. Let us rejoice God himself. 하나님을 즐거워합시다.

Though the fig tree does not bud and there are no grapes on the vines, though the olive crop fails and the fields produce no food, though there are no sleep in the pen and no cattle in the stalls, yet I will rejoice in the LORD, I will be joyful in God my Savior.

Habakkuk 3:17-18

비록 무화과나무가 무성하지 못하며 포도나무에 열매가 없으며 감람나무에 소출이 없으며 밭에 먹을 것이 없으며 우리에 양이 없으며 외양간에 소가 없을지라도 나는 여호와로 말미암아 즐거워하며 나의 구원의 하나님으로 말미암아 기뻐하리로다

하박국 3:17-18

🌿 말씀 새기기 *Carving Words*

I rejoice. 나는 즐거워한다.

I rejoice in the LORD. 나는 여호와로 말미암아 즐거워한다.

I will rejoice in the LORD. 나는 여호와로 말미암아 즐거워할 것이다.

열심히 살아도 인생이 빈손인 이유

Give careful thought to your ways.

너희는 너희의 행위를 살필지니라
학개 1:5

일본 가수 히라하라 아야카가 부르는 한국 가요 〈감사〉라는 노래의 가사를 무심코 듣고 있었습니다. "눈물이 흘러 넘쳐 올려다본 파란 하늘이 이렇게 푸르단 걸 모르고 나 이제까지 살아왔어." 슬픔이 엄습하고서야 하늘을 올려다보고, 태초부터 있었던 하나님의 사랑을 그제야 깨달은 제 이야기 같아서 참 좋았습니다. 자신에게만 미쳐 살고 있는 이스라엘 사람에게 학개 선지자는 "Give careful thought to your ways(너희의 행위를 살필지니라)." 하고 말합니다. 쉽게 번역하면 to your ways 너의 행함에 있어, Give careful thought. '잘 생각해서 하라'는 경고의 말입니다. 성전 복구하는 데에는 관심이 없고 자신들의 배 불리기에만 급급한 인생들에게 '씨 부려도 거두는 것이 없고, 먹어도 배부름이 없고, 마셔도 갈증이 해소되지 않을 것'이라고 말합니다. 그렇게 자기 자신의 계획에만 미쳐서 살면 아무리 '열심히' 살아도 인생은 빈손이 되기 일쑤입니다. 그래서 먼저 그 나라와 그 의를 구해야 합니다. 그것이 우리의 행위를 살피는 것이 됩니다.

Now this is what the LORD Almighty says: "Give careful thought to your ways. You have planted much, but have harvested little. You eat, but never have enough. You drink, but never have your fill. You put on clothes, but are not warm. You earn wages, only to put them in a purse with holes in it."

Haggai 1:5-6

그러므로 이제 만군의 여호와가 이같이 말하노니 너희는 너희의 행위를 살 필지니라 너희가 많이 뿌릴지라도 수확이 적으며 먹을지라도 배부르지 못 하며 마실지라도 흡족하지 못하며 입어도 따뜻하지 못하며 일꾼이 삯을 받아도 그것을 구멍 뚫어진 전대에 넣음이 되느니라

학개 1:5-6

🌿 말씀 새기기 *Carving Words*

careful thought 주의 깊은 생각
Give careful thought. 너희는 주의 깊게 생각하라.
Give careful thought to your ways. 너희는 너희의 행위를 살필지니라.

내가 할 수 있는 최소한의 정성

Bring the whole tithe into the storehouse.

너희의 온전한 십일조를 창고에 들여
말라기 3:10

청년회 대표직을 2년 만에 내려놓는 우리 교회 청년 대표가 연말에 저에게 편지를 한 장 가지고 왔습니다. 편지에는 제가 교회를 설립해 준 것과 자신과 같은 청년들을 섬겨 준 것, 그리고 지금도 청년들의 친구가 되어 준 것에 대한 감사가 빼곡히 적혀 있었습니다. 사실상 2년 동안 한 번도 당사자에게 그런 감사를 받아 본 적이 없었기에 빼곡한 감사의 편지는 저에겐 쇼킹한 일이었습니다. 좋은 쇼크였던 것이죠. 그 청년은 저에게 온전히 표현해야 할 감사를 귀엽고도 성실하게 전해 주었던 것입니다. 우리의 모든 것을 주신 하나님께 온전한 십일조를 드리는 것은bring the whole tithe, '내가 할 수 있는 최소한의 정성'밖에 되지 않습니다. 우리가 정말 그를 '아버지'로 여긴다면 말입니다. 우리 아버지 하나님은 '내가 하늘 문을 열고 네 창고가 터져 나가도록 축복하는지 보라고' 하십니다. 믿는 자에게 삶은 정말 수지맞는 장사입니다. 모든 걸 다 받고 '카네이션' 하나 달랑 달아드려도 하나님은 정말 기뻐하시니까요.

"You are under a curse-the whole nation of you-because you are robbing me. Bring the whole tithe into the storehouse, that there may be food in my house. Test me in this," says the LORD Almighty, "and see if I will not throw open the floodgates of heaven and pour out so much blessing that you will not have room enough for it."

Malachi 3:9-10

너희 곧 온 나라가 나의 것을 도둑질하였으므로 너희가 저주를 받았느니라 만군의 여호와가 이르노라 너희의 온전한 십일조를 창고에 들여 나의 집에 양식이 있게 하고 그것으로 나를 시험하여 내가 하늘 문을 열고 너희에게 복을 쌓을 곳이 없도록 붓지 아니하나 보라

말라기 3:9-10

🌿 말씀 새기기 *Carving Words*

the whole tithe 온전한 십일조

Bring the whole tithe. 온전한 십일조를 가져와라.

Bring the whole tithe into the storehouse.

온전한 십일조를 창고에 들여놓아라.

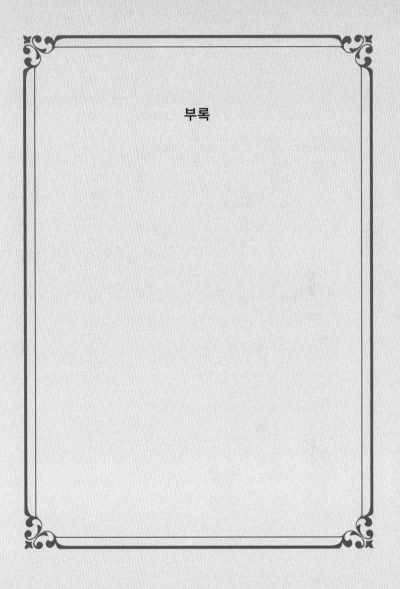

부록

Ten Commandments

1. You shall have no other gods before me.
2. You shall not make for yourself an idol.
3. You shall not misuse the name of the Lord your God.
4. Observe the Sabbath day by keeping it holy.
5. Honor your father and your mother.
6. You shall not murder.
7. You shall not commit adultery.
8. You shall not steal.
9. You shall not give false testimony against your neighbor.
10. You shall not covet your neighbor's wife.

Deuteronomy 5:7-21

십계명

1. 나 외에는 다른 신들을 네게 두지 말지니라
2. 너는 자기를 위하여 새긴 우상을 만들지 말라
3. 너는 네 하나님 여호와의 이름을 망령되이 일컫지 말라
4. 안식일을 지켜 거룩하게 하라
5. 네 부모를 공경하라
6. 살인하지 말지니라
7. 간음하지 말지니라
8. 도둑질하지 말지니라
9. 네 이웃에 대하여 거짓 증거하지 말지니라
10. 네 이웃의 아내를 탐내지 말지니라

신명기 5:7-21

THE BOOKS OF **THE OLD TESTAMENT**
구약전서

Genesis 창세기

Exodus 출애굽기

Leviticus 레위기

Numbers 민수기

Deuteronomy 신명기

Joshua 여호수아

Judges 사사기

Ruth 룻기

1**Samuel** 사무엘상

2**Samuel** 사무엘하

1**Kings** 열왕기상

2**Kings** 열왕기하

1**Chronicles** 역대상

2**Chronicles** 역대하

Nehemiah 느헤미야

Ezra 에스라

Esther 에스더

Job 욥기

Psalms 시편

Proverbs 잠언

Ecclesiastes 전도서

Song of songs 아가

Isaiah 이사야

Jeremiah 예레미야

Lamentations 예레미야애가

Ezekiel 에스겔

Daniel 다니엘

Hosea 호세아

Joel 요엘

Amos 아모스

Obadiah 오바댜

Jonah 요나

Micah 미가

Nahum 나훔

Habakkuk 하박국

Zephaniah 스바냐

Haggai 학개

Zechariah 스가랴

Malachi 말라기

The Twelve sons of Jacob
야곱의 12아들

Reuben 르우벤

Simeon 시므온

Levi 레위

Judah 유다

Dan 단

Naphtali 납달리

Gad 갓

Asher 아셀

Issachar 잇사갈

Zebulun 스불론

Joseph 요셉

Benjamin 베냐민

Joyful, Joyful, We Adore Thee

1.

Joyful, joyful we adore Thee, God of glory, Lord of love;
Hearts unfold like flow'rs before Thee, Opening to the sun above.
Melt the clouds of sin and sadness; Drive the dark of doubt away;
Giver of immortal gladness, Fill us with the light of day!

2.

All Thy works with joy surround Thee; Earth and heav'n reflect Thy rays;
Stars and angels sing around Thee, Center of unbroken praise.
Field and forest, vale and mountain, Flowery meadow, flashing sea, Chanting
bird and flowing fountain Call us to rejoice in Thee.

3.

Thou art giving and forgiving, Ever blessing, ever blest,
Wellspring of the joy of living, Ocean depth of happy rest!
Thou our Father, Christ our Brother All who live in love are Thine.
Teach us how to love each other; Lift us to the joy divine.

4.

Mortals join the mighty chorus Which the morning stars began.
Father love is reigning o'er us; Brotherlove binds man to man.
Ever singing, march we onward, Victors in the midst of strife;
Joyful music leads us sunward In the triumph song of life. A-men.

찬송가 1
기뻐하며 경배하세

1
기뻐하며 경배하세 영광의 주 하나님
주 앞에서 우리 마음 피어나는 꽃 같아
죄와 슬픔 사라지고 의심구름 걷히니
변함없는 기쁨의 주 밝은 빛을 주시네

2
땅과 하늘 만물들이 주의 솜씨 빛내고
별과 천사 노래 소리 끊임없이 드높아
물과 숲과 산과 골짝 들판이나 바다나
모든 만물 주의 사랑 기뻐 찬양하여라

3
우리 주는 사랑이요 복의 근원이시니
삶이 기쁜 샘이 되어 바다처럼 넘치네
아버지의 사랑 안에 우리 모두 형제니
서로서로 사랑하게 도와주시옵소서

4
새벽별의 노래 따라 힘찬 찬송 부르니
주의 사랑 줄이 되어 한 맘 되게 하시네
노래하며 행진하여 싸움에서 이기고
승전가를 높이 불러 주께 영광 돌리세 아멘

Great is Thy Faithfulness

1

"Great is Thy faithfulness," O God my Father There is no shadow
of turning with Thee; Thou changest not, Thy compassions,
they fail not As Thou hast been Thou forever wilt be.

chorus

"Great is Thy faithfulness!
Great is Thy faithfulness!" Morning by morning new mercies I see;
All I have needed Thy hand hath provided,
"Great is Thy faithfulness," Lord, unto me!

2

Summer and winter, and springtime and harvest, Sun, moon and
stars in their courses above, Join with all nature in manifold witness,
To Thy great faithfulness, mercy and love.

3

Pardon for sin and a peace that endureth, Thine own dear presence to
cheer and to guide; Strength for today and bright hope for tomorrow,
Blessings all mine, with ten thousand beside!

찬송가 2
오 신실하신 주

1
오 신실하신 주 내 아버지여 늘 함께 계시니
두렴 없네 그 사랑 변찮고 날 지키시며
어제나 오늘이 한결같네

후렴
오 신실하신 주 오 신실하신 주
주 날마다 자비를 베푸시며 일용할
모든 것 내려주시니 오 신실하신 주 나의 구주

2
봄철과 또 여름 가을과 겨울 해와 달 별들도
다 주의 것 만물이 주 영광 드러내도다
신실한 주 사랑 나타내네

3
내 죄를 사하여 안위하시고 주 친히 오셔서
인도하네 오늘의 힘 되고 내일의 소망
주만이 만복을 내리시네

Up, and Fight Against the Devil

1

Up, and fight against the devil, You whose sins are wash'd away!
Bold against the host of evil, come and gather for the fray. See the
judgment coming closer, And perdition's awful Day, The Day is
almost here!

chorus

Glory! glory, hallelujah! Glory! glory, hallelujah!
Glory! glory, hallelujah! For triumph drawing near!

2

Up, and fight against the devil, You whose sins are wash'd away!
Ever nearer comes the tumult. of the foe's immense array. Cast our
own offenses from us And the sins that so betray;
Trust God and cast our fear!

3

Up, and fight against the devil, You whose sins are wash'd away!
Jesus Christ is waiting, open arm'd, For all who trust and pray.
He is eager to assist you;
Come to Him and don't delay. Come now, His call is clear!

마귀들과 싸울지라

1
마귀들과 싸울지라 죄악 벗은 형제여
담대하게 싸울지라 저기 악한 적병과 심판 날과 멸망의 날
네가 섰는 눈 앞에 곧 다가오리라

후렴
영광 영광 할렐루야 영광 영광 할렐루야
영광 영광 할렐루야 곧 승리하리라

2
마귀들과 싸울지라 죄악 벗은 형제여
고함치는 무리들은 흉한 적군 아닌가 무섭고도 더러운 죄
모두 떨쳐버리고 주 예수 붙들라

3
마귀들과 싸울지라 죄악 벗은 형제여
구주 예수 그리스도 크신 팔을 벌리고 너를 도와주시려고
서서 기다리시니 너 어서 나오라

문단열의 매일 읽는 영어 성경 구약편

초판 1쇄 2016년 1월 29일

지은이 | 문단열

발행인 | 노재현
편집장 | 서금선
책임편집| 주은선
디자인 | 행복한 물고기
마케팅 | 오정일 김동현 이진규 한아름
제작지원| 김훈일

펴낸 곳 | 중앙북스(주)
등록 | 2007년 2월 13일 제2-4561호
주소 | (04517) 서울시 중구 통일로 92 에이스타워 4층
대표전화| 1588-0950
내용문의| (02)6416-3898
홈페이지| www.joongangbooks.co.kr
페이스북| www.facebook.com/hellojbooks

ⓒ문단열, 2016

ISBN 978-89-278-0725-4 04230
ISBN 978-89-278-0724-7 04230(세트)